ブラック支援

狙われるひきこもり

高橋　淳

角川新書

はじめに

タカユキさんの死

空席が目立つ裁判所の傍聴席に座り、私は証言台に立つ男たちの横顔をみつめていた。
ひきこもり支援をうたい、若者から中高年まで多くのひきこもりの人たちを施設の寮に寝泊まりさせながら、2年前に突然、破産した東京の民間業者「あけぼのばし自立研修センター」（以下「あけぼのばし」「センター」と記すところもある）。男たちはその元従業員だ。2019年5月20日、元従業員らに手足をつかまれ無理やり部屋から連れ出されたとして、千葉県内の30代の女性が損害賠償を求めた裁判の証人尋問があった。支援と称して拉致《らち》や監禁が行われたとされる驚きの事案だが、意外にも裁判へのメディアの関心は高くはないようだ。傍聴席には私の他に新聞やテレビの記者の姿はみられなかった。

目の前にいる男たちは細身のスーツ姿で、どこにでもいそうな営業系の若手サラリーマンといった印象だ。

――（あけぼのばしの）従業員になる前はどういうお仕事をされていたんでしょうか。

業務部の部長だったという男に、原告側の木村奈央《きむらなお》弁護士が尋ねる。

「飲食店とか、そういったところで仕事してました」

――ひきこもりの支援とか、福祉に関係のある仕事は。

「それはないです」


なるほどと思った。もうひとりの男ももとは人材派遣会社に勤務し、自立支援や福祉の仕事の経験はなく、資格ももたないという。ほぼ素人《しろうと》と言っていい。しかしあけぼのばしは、ひきこもり支援には「専門知識と経験が不可欠」とパンフレットでうたい、スタッフがメディアにも多数露出した。そして数百万円、ときには1000万円単位もの費用と引き換えに、抵抗する本人を無理やり部屋から連れ出して施設に入れるという行為を繰り返していた。

内閣府は2019年、40～64歳の中高年でひきこもり状態の人は61・3万人とする推計を公表。高齢の親が、独身・無職の中高年の子の生活を支える「8050家庭《はちまるごーまる》」が広がっていることが明らかになった。これは不登校やひきこもりについての有効な支援策がないまま、親子がそれぞれ年齢を重ねた結果だとみられている。15～39歳の若年層も含めたひきこもりの人の数は100万人以上と推計されているが、その中の多くの人にはいまも、有効な支援の手が届いているとはいえない。

新聞社に勤務する私は19年4月から、特別報道部という部署でひきこもり問題を担当する取材班に加わり、子どものひきこもりに悩む親たちや、福祉の現場の最前線で支援にあたる人たちにお会いした。いじめやパワハラなどで心が傷つき、まるで安全地帯に避難するようにひきこもった当事者やひきこもりの経験者にも多く出会った。そうした中で、特に深刻だと感じたのが「引き出し屋」と呼ばれる民間の支援業者をめぐる問題だった。

インターネットを検索すれば「〇〇スクール」「〇〇塾」「〇〇学校」などとひきこもり支援を掲げる民間業者がいくつもヒットする。子のひきこもりに悩み、公的機関や病院などあらゆる場所に相談に行ったものの事態が変わらず、藁《わら》にもすがる思いでこうした業者に依頼する家族は絶えない。

だがそうした業者の中には、ひきこもっている本人の意思とは関係なく、高額な費用で親と契約し、自宅から強引に連れ出して自由を制限するなど問題の多い業者も少なからず存在する。ひきこもりと、その支援業についての関係法令や設置基準もないため、素人でも誰でも参入できてしまうことにも原因があるのだろう。

破産したあけぼのばし自立研修センターを始めとするこうした業者を手放しで持ち上げ、紹介してきたテレビのニュース番組やワイドショーもあった。

神奈川県で暮らす渡辺えつ子さん（仮名、81歳）も、こうした業者に望みを託した一人だった。長男タカユキさん（当時48歳）は26歳から約20年間、自宅にひきこもっていた。渡辺さんは市役所や保健所、ひきこもりの子を持つ親の会とあらゆる場所に相談に行ったというが、何も変わらず月日だけが過ぎた。7年前に夫が他界して長男と2人暮らしになった渡辺さんは、ネットで見つけた「あけぼのばし」に相談。担当者に「長期化、高齢化するほど解決が難しくなる」と迫られ、契約を結んだという。

渡辺さんは夫と建てた大切な自宅まで売り払い、最終的に支払った費用は1300万円余りにのぼった。だが、入所から2年後、タカユキさんは「研修先」として赴いていた熊本県内のアパートで、ひとり亡くなっているのが見つかった。冷蔵庫は空で餓死も疑われたが、あけぼのばしの担当者らに事情を尋ねても要領を得ず、お金はおろか衣服などの遺品はいまも戻っていない。

「ひきこもっていても良かった。生きていてさえくれれば、それだけで良かったのに……」

渡辺さんはいまも後悔と自責の念にかられながら暮らしている。80歳をすぎ、家も、蓄えも、そして大切な息子までも失った渡辺さんも後に、業者を相手に裁判を決意する。自らがこの業者と契約を交わし、それがタカユキさんの命を奪う結果を招いてしまった。裁判はタカユキさんへの償いとして渡辺さんに残された最後の手段だった。

この本は、引き出し屋と呼ばれる「支援」業者の暴力的な連れ出しや監禁行為の実態を、ひきこもりの当事者や家族、業者への取材で描き、問題の背景や支援の課題を考えていくことを目指している。そして１００万人以上もいるひきこもりの一人であったタカユキさんの死の理由に迫り、その犠牲の意味をみつけていきたいと思う。

目次

第三章　なぜ頼るのか——孤立する家族　79

第四章　暴力か救済か――メディアの教訓　105

DTP オノ・エーワン

第一章　熊本への旅

待ち続けた「卒業」

羽田《はねだ》から鹿児島へ向かう飛行機の中で、私はまだ会ったことのない、そしてこれからも会うことのない1人の男性のことを考えていた。

2019年の終わりまであと1カ月と迫った11月26日。同じ機内には、男性の母親で神奈川県に住む渡辺さんと娘のアキさん（仮名）がいた。私の手元には羽田のロビーで渡辺さんから手渡された小さなお菓子の紙袋があった。これから心の重い旅に向かうというのに、渡辺さんはせんべいや最中などのお菓子を自宅で袋に詰め、一緒に出かける弁護士や私など、ひとりひとりに用意してくれていた。

私たちが向かうのは、鹿児島空港から北に車で約1時間半の熊本県湯前町《ゆのまえ》。そこには渡辺さんの長男タカユキさんが入所していた、ひきこもりの人のための「研修施設」があるという。26歳から20年間も自宅でひきこもっていたというタカユキさんはそこに入り、ようやく自立への道を歩み出した、そのはずだった。

「息子さんが亡くなりました」

施設の担当者から渡辺さんが携帯に連絡を受けたのは、この熊本行きの7カ月前の4月19日。渡辺さんはまるで事態を理解できないまま飛行機に飛び乗り、遺体が安置されている熊本県警人吉《ひとよし》警察署に駆けつけたという。だが、ここで会った施設の職員の説明はまったく要領を得ないものだった。

タカユキさんの遺体がみつかったのは、施設に近い同県あさぎり町のアパート。検視を担当した地元の医師の推定では、死後約2週間が経っていた。タカユキさんは別人のようにやせ細り、餓死も疑われた。だが職員らはそれまで数カ月間、タカユキさんがどこで、何をしていたのか何も把握していない様子だったという。

「自立を妨げるので親子で連絡を取ってはいけない」

施設側から何度もそういわれていたという渡辺さんは、息子の声を聞きたい気持ちをぐっと我慢し、施設から「卒業」の連絡がくるのを待ち続けていた。契約書には「社会人として自立した人生を成り立たせるに至る為、全面的に指導及び支援を行う」「終業時も継続的にコミュニケーションを図り、随時適当な指導及び支援を行う」などとある。施設を信じ、タカユキさんが無事にひきこもりを克服し、「元の元気な姿に戻った」といううれしい知らせを待ち続けていたのだという。

2日後、タカユキさんは熊本で火葬され、渡辺さんは遺骨を抱いて帰宅した。

息子に何が起きたのかも分からないまま「ただ泣いて暮らしていた」というが、秋になりようやく弁護士に相談するだけの気力と体力を取り戻した。そして今回、渡辺さんが依頼した東京の林治《はやしおさむ》弁護士たちが業者側に直接事情を聞くことになり、渡辺さんも一緒にまた熊本を訪れることになった。私はその旅に同行させてもらった。

タカユキさんは元海上自衛官だった。今回の旅に先立ち、私は渡辺さんが暮らす家で、生前の様子を伺い、写真をみせてもらっていた。真っ白い制服を着て、両手両足を伸ばして行進する様子や、集合写真で後ろの列に立ち、正面を見据える精悍な顔つき……。彼女にとっても誇らしく、自慢したくなるような息子だったに違いない。

「タカユキさんが受けていた『研修』とは一体、どんなものだったのだろう。彼の身に何があったのか。毎日、どんな風景をみて、どんな思いで、過ごしていたのか」

あれこれと思いをめぐらせているうち、いつの間にか飛行機は着陸態勢に入っていた。羽田から鹿児島まではわずか二時間弱。九州の南端に近い場所でも、飛行機ならあっという間の距離だ。だが、その距離はタカユキさんにとって、とてつもなく遠いものだった。

家を出たタカユキさん

かつて2人で暮らしていた埼玉県の自宅に、民間施設「あけぼのばし自立研修センター」

（東京都新宿《しんじゅく》区、２０１９年12月に破産）の職員ら5人がやってきたのは、17年1月のことだった。

タカユキさんを「説得」し、部屋から連れ出し、施設に入れるのが目的だった。

渡辺さんによると、タカユキさんが自宅にひきこもるようになったのは26歳のころだ。子どものころから友達が多く、小学校では皆勤賞ももらっていたというタカユキさんは、当時、家族で住んでいた栃木県内の高校を卒業後、海上自衛隊に入隊。３年の任期を務めたが、その後就職した機械メーカーで上司との関係に悩み、ふさぎこむようになったという。

やがて会社を退職した。

外出を拒むようになり、仲の良い幼なじみが自宅に来ても会いたがらなくなった。だが渡辺さんは、当時はそれほど心配していなかったという。

「会社でいろいろと納得のいかない悔しい思いをしたようでしたが、誰の人生にもそんなときはあります。しばらく休んで元気になって、また自分にあった仕事を探せばいい、と」

まだ50代だった渡辺さんは看護師で、自身の仕事も忙しく、充実していた。何よりタカユキさんとはそれまで通りに会話を交わしていたし、掃除や洗濯など家の手伝いなどもよくしてくれていたという。

タカユキさんが会社を辞めて約1年半後、運転免許が失効した。渡辺さんが「更新に行きなさい」と言っても、一向に腰を上げようとしなかったという。

「これはただごとではないかもしれない」

渡辺さんはこのとき初めて、息子にかつてない異変が起きていると思った。

それからは市役所や保健所、病院、子どものひきこもりに悩む家族の会——など、会社員の夫と2人で考えられる限りの場所を訪ねたという。

「どこに行っても話だけはよく聞いてくれるんです。そして決まって言われるのが『信じて、待て』『働きなさいと言ってはいけない』。結局、ただ静観する以外にどうしたらいいのか、誰も何も教えてくれませんでしたね」

そして10年、さらに10年という時間が流れていった。

とはいえ家から外に出られず、定職がないということ以外は、タカユキさんは昔とそれほど変わらなかったという。プロ野球の阪神ファンで、シーズン中は部屋のテレビで野球中継を観るのを楽しみにしていた。夏の夜、2階から応援用のメガフォンをポンポンとたたく音が聞こえていたのを、渡辺さんはいまも思い出す。

そんな中、夫は2016年、息子の将来を心配しながら他界した。

「もし私までいなくなったらタカユキはどう暮らしていけばいいのか。とにかく、いまのうちになんとかしなければと思いました」

タカユキさんの健康についても心配事があった。このころ、タカユキさんの話し方がおかしくなっているのに気づき、前歯が抜けているらしいことが分かったという。渡辺さんと話すときに不自然に後ろを向いたり、手で口を隠したりするしぐさをみせるようになっていた。

渡辺さんの不安は募った。そんなある日、結婚して家を出ていた娘のアキさんがインターネットで見つけてきたのが、ひきこもりを支援する専門業者の「あけぼのばし自立研修センター」だった。

「一度、説明だけでも聞いてみようか」

17年1月。母と娘の2人は、都営新宿線 曙橋《あけぼのばし》 駅に近い雑居ビルの5階にあるあけぼのばし自立研修センターに赴いた。

まず待合室に通され、パンフレットを手渡されたという。すべてカラーで20ページもある立派なものだった。

「自立のプロにお任せください」

「就職後も毎日報告を受け、面談を繰り返し（中略）フォローを続けます」

ページをめくると頼もしい文句がいくつも並んでいた。その後、スーツ姿の若い男性が部屋に入ってきて、名刺を渡された。後に、スタッフの取りまとめ役らしいと分かるＫ氏だ。

2人はここで施設を紹介するビデオを観た。

K氏は「役所に相談しても結局、何もしてくれません。行政には何もノウハウがないのだから」といった趣旨の話をしたという。このとき渡辺さんは「本当にその通りだ」と思い、涙が出そうになったと振り返る。市役所の福祉窓口などをさんざん訪ね、落胆し、途方に暮れるだけの数年間を過ごした経験があるからだ。

K氏は「研修費用」をその場で計算し始めた。提示された金額は半年間で910万円。予想もしていなかったその額に驚いたが、それくらい深刻な問題なのだと受け止めた。

「長期化、高齢化するほど解決が難しくなります」

K氏の言葉が重く響いた。母と娘はその場で顔を見合わせ、うなずいた。契約することを決めたのだ。

足りない費用は自宅を売却して賄うことにした。夫と共働きで購入し、タカユキさんも30年近く暮らした愛着の深い家だ。

「どうせ長男のタカユキにあげるつもりだったんだから、これでいいんだと……」

もう迷いはなかった。だが、売却を急がなければならず、売値は思っていたよりずっと安かったという。

初めてセンターを訪れてから10日後の1月18日、5人の職員が自宅にやってきた。1人は今後タカユキさんの担当になるというO氏。他の3人は「ガードマン」だと説明を受けた。センターの指示で、職員らが家に来ることは内緒にしていたという。タカユキさんからすれば抜き打ちだが、渡辺さんが疑問を抱くことはなかった。

2階のタカユキさんの部屋に3人を案内すると、「お母さんは下にいてください」と強く指示されたのを覚えている。30分くらい経ったろうか。居間で様子をうかがっていると突然、「わーっ」という泣き声が聞こえてきた。間もなくジャージ姿のタカユキさんが、職員らに前後を挟まれるようにして階段を下りてくるのがみえた。

渡辺さんは、海外出張が多かった夫の形見の大きなスーツケースに、真新しい背広や靴、着替えを入れて用意していて、それを職員に預けた。

「そうだ、当面のお金を渡しておかなきゃ」

封筒に現金をいれてタカユキさんに渡そうとすると、横にいた職員がさっと受け取り、車に乗り込んだ。走り去るワゴン車を玄関先で見送ったのが、息子を見た最後になった。

タカユキさんは東京・新宿のセンターに入所した。親子が直接連絡をとることは固く禁じられたため、タカユキさんの様子が気になる渡辺さんは、毎週のようにセンターの担当者であるO氏の携帯に電話を入れたという。

あるとき電話にでたO氏から「お母さんは過保護ですね」と厳しい口調でたしなめられた。

「タカユキさんを信じないんですか。頑張っているタカユキさんに失礼です」

それまで自分が過保護だという意識はなかったが、O氏がそう言うならそうかもしれない。

渡辺さんは以後電話を控えることにした。


焦っています……


あけぼのばしからは毎月、タカユキさんが日々書いている日誌のコピーが送られてきたという。その日誌を読ませてもらった。

A4大のペーパーの左半分に一日の行動内容を記入するようになっていて、「シャンプーした」「洗濯した」「ねる」などと書かれたタカユキさんの文字がある。日中も寮のアパートで過ごしていたのだろうか。右側は自由記入欄だ。「イイトコサガシのセミナーに出ました」とあるのは入所から3週間が過ぎた2月9日。自己啓発のワークショップのようなものに参加したようだ。

「散歩」「読書」などと書かれた日が続くが、4月に入ると「仕事探し」の文字が目につくようになる。タカユキさんはセンターに入って3カ月ほどでハローワークに通い始め、日々仕事探しをしていたことがうかがわれる。そして6月ごろからは「仕事がみつからない」という焦りを訴え始める。

「警備の仕事がダメになってしまい、涙が止まらなかったです」「仕事がまったく見つからず、気持ちがあせっています」――。

以前取材した、センターへの入所経験がある別の40代の男性によると、そこでは寮からハローワークに通い、自分で仕事を探すのが日課だったという。会社に履歴書を送り、面接を受ける。それをひたすら繰り返す。

この男性はひきこもりではなかったが、失業し、荒れていた時期に妻に手を上げた。それをきっかけに両親が契約し、やはり数人のスタッフに家から引きずり出されるかのように連れ出されたという。

「『妻のトリセツ』（講談社＋α新書）という本を渡された以外にろくにアドバイスなどはなかった。中学レベルの英語やパソコンの教室などがあり、とにかく寮からハローワークに通えと言われるだけ。職員たちは露骨に私たち研修生のことをバカにしていて、雰囲気も悪かったですよ。でも、就職が決まれば卒業して、自分でアパートを借りられる。とにかくセンターを離れたいと、そのために必死でハローワークにいきました」

入所から3カ月後、家族と面談した際に「この施設はおかしい。異常だ」と泣きながら訴え、両親が契約を解除したことで施設を出ることができた。

タカユキさんの7月13日の日誌をみると「来週でセンターのけいやくがきれます。でも仕事がいまだ見つかっていません(筆者注・見つからない)。あせっています」と書かれていた。同じページに添えられたスタッフのコメント欄には一言こうあった。

「焦らずに、自分のできることをやっていきましょう」

タカユキさんの切羽詰まったトーンに対し、まるで他人事《ひとごと》のような言葉に読める。これでは何の答えにも、励ましにもならないだろう。

このように日誌の各ページにスタッフが一言コメントを記入している。

「頑張りましょう」

「暑いので気をつけましょう」

「夏ばてに注意しましょう」

だが、その言葉にほとんど内容はない。

「昨夜はなかなか眠れなかったです」という記述に対しては「昨日は何故中々眠れなかったのでしょう?」。筆跡やスタッフ名もばらばらなので、おそらく何人ものスタッフが事務的にこなすしくみになっているのがうかがえる。「体調の方は何の問題もありません」と書かれた日は、その文字の上にサインペンで、小学生のテストの答案にあるような「はなまる」が付けられていた。

新宿から、熊本へ

春がすぎ、夏になり7月、契約期間の半年が過ぎた。センターのパンフレットには「就職・自立成功率　6ケ月までに95％　※２０１６年調べ」とあったが、タカユキさんの就職は決まらなかった。そんなとき施設の担当者から渡辺さんに「タカユキさんが、熊本にある研修センターに行きたがっている」という連絡があった。

自然豊かな熊本県湯前町に、センターが研修施設を構えているのだという。パンフレットには高原のバンガローのような建物の写真があり、こんな文句が添えられていた。

「大きな魅力は、都会の喧噪《けんそう》を離れ、大自然の中で心身の回復に専念できることです。（中略）毎朝決まった時間に起床し、採れたての野菜を使ったおいしくて栄養満点の食事を毎日食べ、食生活を改善。森林浴で自律神経の安定やリラクゼーション効果を得ながら、免疫力のアップを図ります」

本人が希望しているなら、と渡辺さんは追加分の費用として３８５万円を支払い、タカユキさんは17年8月、熊本県湯前町にあるセンターの研修所に移ることになった。

渡辺さんのもとには当初、タカユキさんが他の研修生らと川で遊ぶような姿を写した写真が送られてきた。その写真をみてショックを受けたという。

「ゆるそうなシャツを着て、なんでこんな汚い格好をしているのかと驚きました。私が持たせたものではないし、家でもあんな格好はさせていない。情けなかったです」

こうした写真の一枚がタカユキさんの死後も、センターのホームページに掲載されていたという。

ほどなくして日誌など定期的なセンターからの報告は途絶えた。その年の12月にタカユキさんが地元の介護施設に就職し、その後研修所を出て一人暮らしを始めたことだけは、担当のO氏から聞かされた。

渡辺さんはそれでも、息子と直接連絡を取ることを懸命にこらえていたという。熊本で頑張っている。いい空気を吸って、食欲も増して……。

「調子が悪いというなら連絡があると思うし、とにかく少しずつでも良くなっているのだと。いい想像しかしていなかったんです」

そして家を出てから1年3カ月後のその日の午前、携帯が鳴った。テレビドラマをみているときだったと記憶している。電話の主はO氏。かつて「お母さんは過保護です」と渡辺さんを叱ったあの職員だ。そこでタカユキさんが亡くなったことが告げられた。あとは渡辺さんが何を聞いても黙ったままだったという。

冷蔵庫は空だった

タカユキさんは湯前町の研修所から少し離れたあさぎり町のアパートに住んでいた。

「家賃の引き落としが滞り、不動産会社から連絡を受けた研修所の職員が部屋を訪れ、遺体を見つけた」

自宅から熊本に駆けつけた渡辺さんは、警察署で待っていたセンターの職員からそう説明を受けたという。

警察署の遺体安置室で対面した息子はひげが長く伸び、誰か分からないほどほほがやせこけていた。足に触れると、細い枝のようだった。一緒に熊本へ行った娘のアキさんが携帯で撮影したというタカユキさんの写真を私もみせてもらった。面長で彫りの深い顔は、両ほほがくっつくのではないかというほどやせ、口が縦に開いている。目は大きく見開き、何かを叫んでいるようにもみえた。

亡骸《なきがら》と対面した渡辺さんは、その足でタカユキさんのアパートへと向かった。家具もない殺風景な部屋。床に置かれたゴミ袋にインスタントラーメンの空のカップが入っていた。部屋にあった小さな冷蔵庫の中は空だった。

就職はしたと聞いていたが、再びひきこもり、食べ物も底をついたのか——。部屋にあった離職票をみると、タカユキさんは9カ月も前の18年7月、介護施設を退職していた。センターとの契約には、就業してからも「継続的にコミュニケーションを図り、随時適当な指導及び支援を行う」と明記されていたが、応対したセンターの職員たちは、退職したことすら把握していないようだったという。

部屋に置かれていた預金通帳の残高は1万5342円。最後に3000円を引き出したのは、遺体発見から2カ月以上も前のことだった。

自宅を売却し、住む場所がなくなった渡辺さんは神奈川県にある娘のアキさんの家に移り住んだ。インターネットでセンターを見つけてきたアキさんは後に私にこう話した。

「兄には妹として生きている間に何にも力になってなかったし、結果として地獄に送ったひどい妹だと思っています」

だが、タカユキさんがセンターに入っていた当時は、「こうして施設で日々を過ごすことで、兄は少しずつ回復しているのだと信じていた」という。

「もうすぐ元気になったおにいちゃんに会えるって、母も私も楽しみしかなかったです」

渡辺さんが身を寄せるアキさんの自宅には仏壇があり、壁にはタカユキさんの遺影が掛けられている。

「息子は私に家から追い出され、帰る場所はないと思っていたのか。それは違うと伝えたい。いまは毎日、タカユキに謝ることしかできません」

傍らには、遺体発見の1カ月後、センターから送られてきたという古いトランクがいまも置かれている。あの日、家を出る息子に持たせた夫の形見のトランクとは、色も形もまったく違う小さなトランク。

どこの誰のものかも分からない「遺品」だ。

タカユキさんの足跡をたどって

話を2019年11月26日に戻そう。私たちは鹿児島空港から、レンタカーに分乗して、湯前町に向かった。タカユキさんの死から7カ月。渡辺さんにとっては2度目の熊本で、今回の目的はあけぼのばしの研修施設を弁護士とともに直接訪ね、タカユキさんが亡くなるに至った事情や、それまでの研修の内容について話を聞くことだった。

この旅には他に、フリージャーナリストの加藤順子《かとうよりこ》さんと、藤田和恵《ふじたかずえ》さんも一緒だった。加藤さんはひきこもりの支援施設に関する問題にいちはやく取り組み、ネットニュースや雑誌に記事を書いている。藤田さんもやはり、ひきこもりや貧困の問題を取材し、同じ熊本の施設で以前に起きた利用者による脱走事件のことも記事にしていた。2人はこれまでの取材で弁護士の知人も多く、熊本に同行取材することが以前から決まっていたという。そこに私が後から加わった形だった。

「あけぼのばし自立研修センター湯前研修所」は、湯前町にあるくま川鉄道湯前駅にほど近い道路沿いの3階建ての一軒家だった。渡辺さん母娘と林弁護士たちは、施設の責任者らと話をするため、建物の中に入っていった。その間、私は駅の近くで待機することにした。施設側とのやり取りを聞いてみたいとも思ったが、初めからメディアが入っていったのでは施設側も態度を硬化させてしまうだろう。当然ながら、取材者である私はすべての関係者と等距離で、あくまで客観的に話を聞かなければならない。渡辺さんの「味方」ではないし、研修施設への先入観も禁物だ。

渡辺さんたちの話が終わるのを待ちながら、私は周辺を歩いた。民家が点在する以外に人《ひと》気《け》の少ない場所だが、湯前駅の周辺はきれいに整備され、小さなまんが図書館と、併設のカフェもある。それを見て気付いた。私があけぼのばしのパンフレットをみて、「きれいな研修施設だな」と思っていた建物は、この図書館とカフェだったようだ。近くには古びたパチンコ店もあり、中に入ると年配の客が数人、台の前に座っていた。

渡辺さんと林治弁護士らは、1時間ほどで建物から外にでてきた。

研修施設を運営していたのは実は地元で子ども向けの放課後デイサービスなどを営む別の会社で、あけぼのばし自立研修センターとは提携関係にあり、研修生の一部を受け入れていたという。社長らからは「(渡辺さんが) 契約したあけぼのばしと話をしてほしい」などといわれ、弁護士まで同行したのに成果らしい成果は得られなかったようだ。

「あけぼのばしに話を聞いても、何もまともには答えないだろう」

林弁護士は言った。あけぼのばしに対してはこのときすでに別の元利用者が「自宅から拉致され、施設に監禁された」などとして損害賠償を求める裁判を起こしていて、林弁護士はその代理人も務めていた。

「渡辺さんも裁判を起こすしかないかもしれない」

これが林弁護士の考えだった。

この翌日、私は研修施設を訪ねることにした。加藤さんも一緒だった。そもそもひきこもりの人のための研修では何が行われ、研修生たちは日々どんな生活をしているのか。せっかく熊本まできたのだから、できれば施設内部を見学してみたい。

「ごめんください」

入り口から2階に延びる階段に向かって声を掛ける。中から返事があり、恰幅《かっぷく》のいい男性職員が階段を降りてきた。私はアポなしでの訪問をわびるとともに名刺を渡し、社長に話を伺いたいと伝えたが、社長も施設長も不在とのことだった。

2階を見学させてほしいと頼むと、あっさりと許可してくれた。もともとは店舗兼住宅だったという部屋は広々として、上がるとすぐにダイニングルーム、左手にキッチンがあった。研修生のスケジュール表や、注意書きなど、壁や冷蔵庫にいくつもの貼り紙がある。築年数は経っているようだが、中はきれいに整頓されていた。

ここで寝泊まりしている研修生は、このダイニングで食事をし、日中は地元の農場で農作業をしたり、人吉市にあるハローワークまで職員の車で行き、仕事探しをしたりするという。かつては30人くらいの研修生がいたが、いまは数人ほど。男性職員によると、「ひきこもりのこの研修施設はまもなく閉じる」とのことだった。

そのためだろうか、パンフレットの写真にあった「あけぼのばし自立研修センター　湯前研修所」の看板は建物の壁から外れ、地面に降ろされていた。

私たちが見学している間、後から部屋に入ってきた別の男性職員が近くに立ち、じっとこちらの顔を見つめている。「招かれざる客」と思っている空気が伝わってきた。

「あれは『早く出ていけ』って僕らにプレッシャーかけていたんでしょうかね」

建物を出た後、加藤さんとそんな会話を交わした。

このときは責任者が不在とのことだったので、取材をしたい旨だけ伝えておいた。すると翌日の午前、研修所の施設長という男性から私の携帯に電話があった。改めて取材したいと頼んだが、「そのつもりはない」と断られた。

「弁護士がやってきた翌日に、都合よく記者がくるのはおかしい」

そんな不信感も口にしていた。

片道40分をスクーターで

今回の旅で渡辺さんにとっての大事な目的は、タカユキさんの最後の日々を知るための手がかりを得ることだった。

研修施設を訪ねた日の夕方、再び渡辺さんや弁護士と合流し、施設から車で約20分の場所にあるあさぎり町のアパートに着いた。タカユキさんが遺体で見つかったこのアパートは古い木造の2階建て。空き部屋も多そうな印象だ。周りにはやはり古い民家が点在する以外に商店なども見当たらない。近くに身寄りもないタカユキさんにとっては寂しい場所だったのではないか、と思った。

アパートの外階段を上り、タカユキさんが住んでいたという2階の部屋の新聞受けから中をのぞいてみると、奥に6畳くらいの部屋、手前に小さなキッチンのようなスペースがみえた。ドアには呼び鈴もついていないようだった。

部屋のドアの前に立った渡辺さんは、そのまま動かなくなった。辺りはもう薄暗い。気づくと両手で顔を覆い、嗚咽《おえつ》を漏らしていた。渡辺さんを心配し、この旅に同行していた友人の女性が傍らにたち、そっと肩を抱いていた。

翌11月27日、タカユキさんが亡くなる9カ月前まで働いていたという熊本県球磨《くま》郡相良《さがら》村の有料老人ホームに向かった。

ホームの管理者である男性が応対してくれた。話によると、ここはタカユキさんが人吉市のハローワークに出向き、自身でみつけた職場とのこと。採用面接を担当したのがこの男性だった。

「面接の際にタカユキさんは自分が長年ひきこもっていたことや、研修施設に入っていることも正直に話してくれました。２人暮らしの母に自分はずっと迷惑をかけているんだと、そんな話もしてくださいましたね」

実直そうな様子に好感を持ったという男性は、採用することを決めた。

「彼からは決意のようなものを感じましたし、この人なら一生懸命にやってくれそうだな、と思ったんです」

仕事ぶりは期待通りだったという。施設の寮からホームまでは車で40分ほど。ここをタカユキさんはスクーターで通い続けた。その後、一人暮らしを始めた後もスクーター通勤を続け、ここで働いた８カ月間、無遅刻・無欠勤だったという。

当初は食事の配膳《はいぜん》など担当をしていたというが、ある日、タカユキさんから「できるだけ人と接することのない職場に変えてもらえないか」と相談があった。長らくひきこもり、どうしても「人がこわい」と感じていたらしい。そこで男性は、入居しているお年寄りたちに会わずに済むよう、厨房《ちゅうぼう》のわきで食べ物を皿に盛り付けたり、配膳台に並べたりする仕事に担当換えをしたという。

やはり取材に応じてくれたホームの女性は、こんな光景を覚えていた。

雨の朝、いつも通りスクーターで通勤してきたタカユキさんは、玄関の外でカッパを脱ぎ、慎重に水を払い、それを玄関わきのじゃまにならない場所に置いてから建物内に入ってきたという。

「玄関が水でぬれないようにと気をつかっていたのでしょう。タカユキさんらしい優しい心遣いだなと思いました」

ホーム内ではときどき職員同士の飲み会も開かれた。タカユキさんも参加した。飲んではしゃぐ職員たちの輪には入らず、外側でいつもそっとほほえんでいる。

「いつも穏やかに笑っている印象でした」

男性はそう話してくれた。


タカユキさんが「仕事をやめたい」と男性に伝えてきたのは、働き始めて8カ月近く経った18年8月のことだった。はっきりとした理由は言わなかったという。

「困ったことや心配事があるなら言ってほしい」

「せっかくここまで頑張ってきたじゃないですか」

男性は慰留した。だが、タカユキさんの決意は固かった。男性はその後も彼をアパートまでたずね、「仕事に戻りませんか」と説得を試みている。しかし、タカユキさんは断った。

男性が最後にアパートをたずねたのが亡くなる半年前の10月半ば。この日も玄関先で短い会話を交わしたという。

「少し元気がなさそうでしたが、いつもの優しいタカユキさんでした」

それ以降の消息は分からないとのことだった。

人吉市のハローワーク球磨（球磨公共職業安定所）にも取材に行った。応対した求人・専門援助部門統括職業指導官の男性は、あけぼのばし自立研修センター湯前研修所の研修生や職員が仕事探しにやってくる光景をよく覚えていた。その職員によると、一般の就労支援団体のスタッフは、窓口で求職者の隣に付き添うのが普通だという。

「でも、（あけぼのばしの職員たちは）後ろでスマホをしよるだけ」

そう口にした。

寮で生活をさせ、あとは自分でハローワークに通わせ、自力で仕事をみつけさせる。それがあけぼのばしが提供する「研修」ということなのだろうか。

湯前研修所の評判

湯前町役場の保健福祉課をたずね、タカユキさんにつながる手がかりがないか聞いてみたが、何も分からなかった。私は「あけぼのばし自立研修センター湯前研修所」をどうみているのかについて話を聞いた。S課長と男性の主事が対応してくれた。

Sさんによると、施設ができたのは5年前の2014年のことだという。人口4000人あまりの小さな町で、県外から、「ひきこもり」の人たちが何人もやってくるという施設が、目立たないはずはない。研修所から少し歩いた先の道路沿いにはファミリーマートがあり、若者から中高年までジャージ姿の男たちがぞろぞろと列をつくり買い物に行く光景が目につくようになったという。「気味が悪い」という住民の声も役場に寄せられた。

役場は急きょ、東京のあけぼのばしから研修生を受け入れているという地元企業の社長を呼んで事情を聞いた。町議会でも社長を呼び、議員協議会の場で施設について説明を求めたという。研修施設の開設は、湯前町にとってはちょっとした事件だったようだ。

「施設を抜け出し、東京に帰りたい」と役場に相談にきた成人男性もいた。男性は東京の弁護士に連絡を取り、郵送で旅費を借りて東京に帰ったという。

19年の1月には痛ましい事件も起きていたことが分かった。施設から抜け出した19歳の少年が、近くの農家の納屋で首をつって自殺しているのが見つかったのだ。

発見したのは納屋のすぐ隣で、食堂を営む男性。早朝、店の裏口を開けた際に異変を感じ、目をこらすと屋根から人がぶら下がっているのがみえた。男性は警察に通報し、一緒に遺体を下ろすのも手伝ったという。この男性にも会うことができた。

「19歳なんてまだ子どもでしょう。こんなむごいことはない」

取材に応じてくれた男性は、話をしながらこのときのことを思い出し、涙ぐんだ。

その後、東京からあけぼのばしの担当者という若い男が店に「謝罪」にきたという。

「みるからに態度が悪く、コイツは何をしにきたのかと驚いたよ。思わず『人がひとり死んでいるんだぞ』と怒鳴ってしまった」

渡された名刺もその場で投げ捨てたという。

熊本から東京に戻った私は、何はともあれ新宿にある「あけぼのばし自立研修センター」を取材しなければならないと準備を始めた。渡辺さんも、あけぼのばしを相手に裁判する決意を固めたようだった。だが、それから1カ月も経たないうちに、思いもよらないことが起きた。

あけぼのばしを運営する株式会社クリアアンサーが突然、破産したのだ。

第二章　狙われる「ひきこもり」たち

あけぼのばし破産

「あけぼのばしが、研修生を次々に自宅に帰しているらしい」

2019年の年末にそんな情報をキャッチしたのが、熊本で一緒になったジャーナリストの加藤順子さんだった。この時点までに少なくとも3人の元利用者らが、「暴力的に連れ出された」などとして、あけぼのばしを相手に民事裁判を起こしていて、裁判の記事がネットニュースなどでも報じられていた。加藤さんはじめ、藤田和恵さん、そしてひきこもりの問題を20年以上取材するジャーナリストの池上正樹《いけがみまさき》さんも「金額に見合った支援がない」「自宅から暴力的に連れ出し、逃げても連れ戻される」などとあけぼのばしを始めとするいわゆる「引き出し業者」の問題をすでに記事にしていた。

「たくさん利益も上がったところで、計画倒産でもするつもりだろうか」

そんな考えが頭をよぎった。

この日は12月20日金曜日。ちょうど、藤田さん、池上さんも、こうした裁判の一つを傍聴するため、東京地裁に集まっていた。加藤さんの言葉に反応し、そこにいた全員で急いで地下鉄に乗り、新宿にあるセンターに向かった。

エレベーターでビルの5階にあがると、職員らの姿があり、特に慌てた様子はなさそうだった。もっとも私にとっては施設内に入るのはこれが初めてだ。応対に出た男性職員に取材したい旨を伝えたが、「答える立場にない」と応じてくれなかった。全員で名刺を渡し、その場を後にした。

そして週が明けた12月23日の月曜日、あけぼのばしを運営する株式会社クリアアンサーが、破産したとの知らせが林治弁護士からあった。渡辺さんとともに一緒に熊本に行った弁護士で、別の原告の裁判も担当している。そもそも破産とは、会社などが裁判所に破産の申し立てを行い、それが認められることで初めて成立する。裁判の当事者として知らせを受けた林弁護士は後日、破産の申し立て書類を見ながらこう話した。

「これだけの書類を準備するのには半年はかかる。かなり前から周到に準備したのではないか」

会社の登記書類を見ると、クリアアンサーの設立は２００９年。もともとの商号は「株式会社ＳＰ」で、14年に現在の名前に変更されている。このＳＰという名前について、林弁護士は、「もともと警備関係の仕事とつながりがあった可能性を連想させる」と話した。確かに、連れだしの際にあけぼのばし側から、「警備員を同行します」と言われたことを証言する家族が多い。

「暴れる人を制圧し、車に連れ込む技術は、それなりに訓練された人でないと難しい」（林弁護士）

事業目的をみると、「不就労者や不登校児等の自立支援業務」のほかに、「自動車用品及び部品の輸出入・販売」「清掃サービス業」「各種フランチャイズチェーンの運営」などもある。熊本の研修施設は、18年に支店として登記されていた。

損益計算書を見ると、「自立支援」の売上高は18年度の1年間で、5億5000万円にも上っている。そして、代表取締役の役員報酬は年間3400万円。17年度は2400万円で、1年間で1000万円も増額されている。林弁護士は「こんなに役員給与を出していながら破産するのはなぜか。何に使っていたのか」といぶかしんだ。

暴力的支援

「暴力的支援」――この耳慣れない言葉を私が知ったのは、ひきこもりについての取材を始めて1カ月ほど経った19年の5月のことだ。ひきこもりの当事者や、ひきこもりの人の支援に関心のある人たちが都内の公民館などに集まり、交流する「ひきこもりフューチャーセッション　庵（IORI）」に初めて参加させてもらった。

ひきこもりと聞くと、部屋からほとんど外に出ない状態を想像する人も多いだろう。だが、実際にはそうとは限らない。私が取材しているひきこもりの人たちも、コンビニやスーパーで買い物をしたり、図書館で勉強したりと、日ごろは街にも出かけている。ただ、人と接することに著しく緊張したり、恐怖を感じたりしてしまうので、家族や他人と「社会的な距離（ソーシャル・ディスタンス）を保たねばならない」という。そうして周囲にバリアを張り、過度なストレスから身を守るのがひきこもりという状態であり、部屋にこもるのはそのための手段のひとつなのだと教えられた。

確かに、外見上は皆「普通」にみえる。この「普通に見える」「問題を抱えているようには見えない」ことこそ、ひきこもりを語る上での最大のポイントといってもいいかもしれない。それゆえに周囲からは「甘えている」「根性が足りない」と思われ、理解されない。悩みを抱える仲間同士、一緒に語り合いたいと望む人も多い。そうした中、ひきこもりの家族でつくる団体「ＫＨＪ全国ひきこもり家族会連合会」（東京都豊島区）の副理事長で、ジャーナリストの池上正樹さんらが２０１２年から続けてきたのが「庵」だ。

「相手の話を否定しない」「話を聞くときは、うなずき多めで」などいくつかの対話ルールがあるが、あとはひきこもり生活での不安や家族との関係などさまざまなテーマで自由に語り合う。「この日のために体調を整え、頑張って出かけてきた」と話してくれた男性もいた。そこで出て来たのが「暴力的支援」についての話題で、ひきこもりの本人を部屋から強引に連れ出し施設に入れるという、にわかには信じがたいビジネスがあるという。その存在を私はこのとき初めて知った。

引き出し屋に「拉致された」などとして被害を訴える人たちを支援する小さな集まりが都内のあるバーで開かれるとも聞き、数日後に訪ねてみることにした。この集まりを呼び掛けたのが、当事者メディアの先駆けでもある「ひきこもり新聞」を発行している木村ナオヒロさんとその仲間たちだ。いずれもひきこもりの経験者で、引き出し屋の施設から脱走したり、暴力を受けたりしたとして、ＰＴＳＤ（心的外傷後ストレス障害）に悩む人の相談にも乗っていた。

この日は埼玉にある自立支援業者の元従業員という男性も参加していて、「私がいた施設では連れ出しのことを『実行』と呼び、元警察官の代表者から事前に相手を羽交い締めする方法を習った」などと自身の体験を赤裸々に語っていた。

そのバーで、声をかけてくれたのがジャーナリストの加藤順子さんだった。後に熊本で一緒になるが、言葉を交わしたのはこのときが初めてだ。加藤さんはそれまでも引き出し屋問題に警鐘を鳴らす記事をいくつも書いていたが、マスメディアの記者にもこの問題にもっと関心を持ってほしい、と考えているようだった。そして後日、加藤さんを通して会わせていただいたのが千葉県に住む30歳代の奈美さんだった。

本章では、あけぼのばしに暴力的に連れ出されたと訴える奈美さんと哲二さん（いずれも仮名）の2人の当事者、2000万円もの費用を支払ったにもかかわらず、息子が一方的に帰宅させられた上、以前にも増して部屋にひきこもるようになってしまったという両親のケースを主に紹介する。

働かないで親に悪いと思わないの

千葉県の住宅街にある一軒家。朝9時すぎ、奈美さんが2階にある自室のベッドでまどろんでいると、突然ドアが開き、知らない男たちが入ってきた。

男の1人に告げられた。

「自立支援センターからきた相談員です」

「私たちと一緒にきてもらいます」

続けて、こうも問われた。

「将来のこととか、ちゃんと考えてるの」

男たちとともにドアを開けた母は、すぐに姿を消した。2017年10月のことだ。夕方まで、7時間にわたる「説得」が始まった。

奈美さんはその2年前から自室にひきこもり、たまにコンビニに出かけるのがやっとの状態だった。父は別居中で母との仲も険悪だった。

母の依頼で来たという男たち。「支援センターというからには、役所の福祉関係の人なのかな」と思ったが、公務員にしては雰囲気が粗暴に感じられた、と奈美さんは振り返る。なにしろ自分は下着もつけず、部屋着姿のまま。息がかかりそうな距離に知らない男が居続けるのは異様で、次第に恐怖心がつのっていった。

「あなたはもうこの家に住めない」

「働かないで親に悪いと思わないの」

お構いなしに、男はしゃべり続けた。

どれくらい時間が経ったのか。男に背を向け、身を硬くしているとこう言い放たれた。

「こんなことしてても仕方がないですよね」

続く男の一言に、奈美さんは凍りついたという。

「黙ってたら帰ると思わないでね」

男に背を向けたまま、震える手で携帯を握り、近くに住む父の二三男さん（仮名）にメールで助けを求めた。自転車で駆けつけた二三男さんによると、リビングや廊下、そして娘の部屋に見知らぬ4人の男女がいたという。

「自分の家が、知らない男たちに占拠されているかのようでしたね」

二三男さんがそのときのショックを振り返る。

奈美さんの部屋には坊主頭の男が座り込み、不気味だった。「入所させることには反対だ」と男らに告げたが、相手は「契約がある」「正式な依頼を受けている」などと言い、まったく動じなかったという。押し問答は7時間も続いた。

窓の外が薄暗くなると、男らの態度が一変する。

「最初は『お父さま』などと言っていたのが、こちらをにらみ、すごんできたんです。私も高齢だし、完全に甘くみられていたんですね」

「夜中になってでも連れ出す」

そう言ってこちらをにらむ男の目をみて、二三男さん自身も身の危険を感じた。

その後、いったん1階に降りていた男ら3人がドシドシと音を立てて階段を上り、「娘の手足を抱えてあっという間に部屋から連れ出した」(二三男さん)。言葉を出す間もなかったという。

午後5時すぎ、奈美さんは裸足《はだし》のまま玄関から出され、門の前に横付けされたワゴン車に乗せられた。

「恐怖で全身が震え、ずっと涙が止まらなかった。声も出せない状態でした」

薄暗い車内で男らが談笑する声が耳に残っている。着いた先が、東京・新宿の「あけぼのばし自立研修センター」の寮であるビルの一室だった。

入れられた4階の部屋は、なぜか奥の方に2段ベッドが二つ、間隔を離して置かれていた。壁際にはシャワー室やトイレ、ベッドとベッドの間には畳敷きのスペースもあり、天井には防犯カメラのようなものが設置されているのも見えたという。

奈美さんは連れ出されたショックに加え、まるで監視するかのように同じ室内に女性職員がつきっきりでいたこともあり、何ものどを通らなかった。翌日も、その翌日も何も口にできず、頭の中が白くもやがかかったようになったという。職員から軽くほおをたたかれ、スポーツドリンクのペットボトルを唇に押し当てられた。

その日、奈美さんは意識が遠のき、救急車で東京女子医大病院に搬送された。脱水症状だった。そのまま1カ月間入院した。病院でセンターに戻るのを拒否し、どうにか自宅に帰ることができたという。

この事件をきっかけに、母は家を出て、父と一緒に住むようになった。

奈美さんは最初に取材に応じてくれた3カ月後の19年8月、慰謝料など550万円を求めてセンターと職員、無断で契約した自身の母親を提訴した。

自宅から連れ出された経緯について奈美さんは「男らに腕をつかまれ、数人に抱えられるように階段を下ろされた」と主張した。だが、センター側は、裁判所に提出した書面で「女性は両親による説得を受け入れ、自らの足で歩いて車に乗り込んだ」「（女性職員が寮の部屋にいたのは）精神的な不安を和らげるため」などと、女性の意思に反する連れ出しや監禁行為を否定した。つまり、奈美さんは納得の上、自ら進んで車に乗ったというのだ。

「自立支援契約」は、母親からの相談を受けて、ひきこもっている奈美さんの状況を聞き取ったり支援内容を説明したりした上で結ばれ、違法な点はないなどとも主張した。

それから2年半に及ぶ奈美さんの苦しい闘いが始まることになる。長くひきこもり、いまも体調が万全でない彼女を、父の二三男さんがそばで支えた。

「精神病院に入院させる」が脅しのツール

二人目は関東在住の30代の哲二さんだ。２０１８年5月、突然部屋に入ってきた見知らぬ男らに「この家には住めない」などと告げられ、強引に連れ出された。抵抗すると体を押さえつけられ、玄関前に止められた車に引きずり込まれたという。実は、同居する両親が、仕事に就いていない哲二さんの将来を案じてセンターに相談、７００万円もの費用を支払い、契約していた。

後述するように、哲二さんはその後、地下室で監視されたり、精神病院へ入院させられたりとさんざんな目に遭うのだが、やがて脱走に成功し、林治弁護士らの助けを借りながらしばらくは都内の無料低額宿泊施設などで暮らしていた。

林弁護士を通じて私と知り合った当時は実家に戻っていたが、「またいつセンターに拉致されるか分からない」とおびえていた。実は「哲二」も自分でつけた仮名で、しばらくは本名も住んでいる町の名も明かしてはくれなかった。

連れ出される際に、哲二さんは自宅の前で「こんなのはおかしい」「誰か、助けてください！」と繰り返し大声をあげ、警察が駆け付ける騒動になった。だが臨場した警察官は、「親が契約した支援業者だ」と男らが告げたとたん、訴えにはまったく耳を貸さなくなり、あとは哲二さんがワゴン車に乗せられて連れ去られていくのをただ見ていただけだったという。

しかし、たとえ親が契約したとはいえ、助けを求める男性の体を複数人で押さえつけるのはただごとではない。人の身体の自由を奪うこうした行為について、警察官は違法性を疑わなかったのだろうか。

このときの状況についてセンター側は裁判所に提出した書面のなかで、「(暴れる男性を)保護するための正当な行為だった」「精神病院で医療保護入院の必要性が判断されるまでの保護行為だった」などと主張した。

哲二さんは言う。

「こんな理屈が通ってしまうなら、『錯乱しているから保護した』と言えば誰でも拉致や監禁ができてしまう。何より怖いのは、センターが本当に都内の精神病院で研修生を診察させていることです。診断名が付けられ、薬漬けにされ、下手をすれば本当に病院から外に出られなくなってしまうかもしれない」

センターに入所してからも「私は入所を望んでいない」「すぐに施設の外に出してほしい」などと主張し続けていた哲二さんはその後、本当に足立区内にある精神病院に50日間も入院させられている。ここでも抵抗したため最初の3日間は革製の拘束具をつけられ、オムツまではかされたという。

医師の診察を受ける際はセンターの職員が当然のように同席し、ようやく退院を許された際にはセンターに対し、「実家に帰らない、家族と連絡を取らないこと」「カリキュラムは全参加すること」——などと書かれた誓約書にもサインをさせられたという。裁判所に証拠提出されたその誓約書には「上記ルールを守れない場合は、再度入院する事に同意致します」

とも書かれている。

精神病院へ入院させることが言うことを聞かない研修生への戒めのための「懲罰」だったことがうかがえる。

哲二さんがいまも拉致におびえるのは十分に納得がいく話だと思った。

散歩を装い脱走

私はそれから何度も哲二さんに、新宿3丁目にある法律事務所で取材をさせてもらった。ある日、彼が、センター周辺を案内すると申し出てくれた。相変わらず近くに行くのは怖いようだったが、状況を言葉だけで説明するのをもどかしく感じたようだ。

センターが施設を構えていたのは、大通りに面した雑居ビル。1階には大手のドラッグストアが入る、その辺りでは大きめのビルで、哲二さんによると5階のワンフロアすべてをセンターが使用しているとのことだった。林治弁護士も加わる被害者弁護団（団長・宇都宮健児《うつのみやけんじ》弁護士）によると、入所時に請求される費用は利用者によってまちまちで、「プログラム実施費用」「居住宅費用」など、数カ月で500万～700万円と高額なのが特徴だという。

パンフレットには「スタッフがお子様の部屋へ伺い（入所するよう）必ず説得を成功させます」とうたい、半年以内の「就職・自立成功率」は「95%」とある。費用の記載はない。

近くにはセンターが運営するという弁当店、立ち食いそば店などもあり、元入所者らも働いていたようだ。そして周辺のアパートやマンションの部屋がいくつも、センターの寮として使用されているという。

哲二さんが精神病院に送られる前、8日間も入れられていたという地下室があるマンションや、退院後、約1カ月間を過ごしたという別のマンションも外からみた。そうしたひとつひとつを歩いて周りながら、「この周辺はさながら『あけぼのばし自立研修センターの街』といった感じだな」と思った。

センターから歩いて10分の新宿区立住吉《すみよし》公園は、研修生たちの息抜きの場だったという。精神病院を退院後は、哲二さんへの監視の目も緩くなり、日中は比較的自由に出歩いていた。だが財布も、携帯電話も取り上げられていたため、逃げたくてもどこにも逃げられない。仮に徒歩で実家に帰ったとしても、契約上の義務として親がセンターに連絡し、連れ戻されてしまう。ときどき公園に集まり、他の研修生らと脱走の相談をしたという。

哲二さんは、近くの公衆電話から、新宿区役所や法テラスなどに電話し、救援を求めた。「でも、『拉致され、精神病院に入れられた』などと話すと皆、急に話を信じてくれなくなる。最後は『ご両親が契約したのですね。なら両親とよく相談してください』と……」

毎日現金で渡される240円のジュース代をすべて通話代金にあてながら、途方にくれていた。

入所して3カ月近く経ったころ、仲間の一人がセンターで開かれる「パソコン教室」の合間にネットを検索し、「KHJ全国ひきこもり家族会連合会」の存在を発見する。哲二さんが電話し、紹介されたのが林治弁護士だった。

「電話で話を聞いてくれ、『大変でしたね』と声をかけてくれたときのうれしさはいまも忘れません。初めて私を信じ、話を聞いてくれた人だったから」

8月10日、電話での打ち合わせの通り、哲二さんと仲間の研修生3人は散歩を装い施設を抜け出し、待機していた林弁護士らと別の場所で合流した。その足で某区役所の生活保護窓口に飛び込み、手続きをし、無料低額宿泊所に入居した。脱出に成功したのだ。

5月に自宅から連れ出され、季節はもう夏の盛りになっていた。

3人目は千葉県に住む70代の小池さん(仮名)夫婦だ。あけぼのばし自立研修センターに計2000万円もの費用を支払い30代の次男を入所させていたが、破産で一方的に契約を解除され、次男を家に帰された。契約はあと1年近く残っていたが、取材当時、代金は1円も返ってきていないという。

駅近くのファミリーレストランでご夫婦にお会いすることができた。みるからに実直で、優しそうな2人にみえた。実直さゆえに、ひきこもり支援の「プロ」の言葉を、素直に信じてしまったのか。

夫婦によると2018年秋、最初は1年の契約で、次男をセンターに預けた。費用の1000万円は数回に分けて支払ったという。

連れ出しの際の状況は、熊本で長男を失った渡辺さんのときと似ている。

本人には事前に知らせず、家にきた7～8人の男が部屋に入り、次男を説得。

「お父さんとお母さんは近くにこないでください」

男の一人に言われ、離れた場所にいたので、そこでどんなやりとりがあったかはいまも分からない。2時間後、次男は男らに付き添われて部屋を出て、センターに向かった。

「子どもさんと直接連絡を取り合ってはいけない」

あけぼのばしからはやはり、そう厳しく言われたという。

次男は高校時代に不登校になり、15年近く家にひきこもっていたというが、しばらくしてあけぼのばしからは、倉庫会社などでパートタイムとして順調に働き始めているとの報告がきていた。

「まるで奇跡みたいだ。息子を預けてよかった、そのときは心からそう思いました」

そして1年後、あけぼのばしから「息子さんの場合はあと1年は研修が必要だ」と言われ、追加の1000万円を支払った。このときは親戚《しんせき》から借金もした。

哲二さんを救出した林治弁護士の見立てが正しければ、このときすでに、センターは破産に向けた準備を進めていた可能性がある。

追加のお金を払って2カ月後、あけぼのばしから突然、こう告げられた。

「3日以内に息子さんを迎えにきてください」

あけぼのばしが何者かに脅迫されていて、生徒たちの身の安全を守れなくなった（職員は入所者のことを生徒と呼んでいたという）。落ち着いたらまた入所してもらうから、いったん家にひきとってほしい――。そんな説明を受けたという。

1年ぶりに再会した次男は、帰宅する車の中で一言も話をしなかった。そして家に帰ると自分の部屋にひきこもり、それきりまったく姿をみせなくなってしまったという。

「センターに入所する前はときどきですが部屋からも出て、私たちと話をしたり、ネコと遊んだり、普通に過ごすこともありました。私の料理も食べていたんです。でも、戻ってからは姿もみていない。何があったのか。順調に働き始めたんじゃなかったのか。私たちには分からないことばかりなんです」

次男の帰宅から1カ月が過ぎてもセンターからは何の連絡もなく、心配になった夫婦は新宿のセンターを訪ねてみた。エレベータで5階に上がるとオフィスは引っ越し作業の真っ最中だった。

「何をしているんですか」

慌ててその場にいたスタッフに訪ねると、驚きの答えが返ってきた。

「会社はなくなりました」

「なくなった？　私たちお金を払って契約したばかりなんですよ」

「いやそれは弁護士と話してください」

小池さん夫婦は途方に暮れるしかなかった。そして次男はいまも部屋から出てこない。深夜、夫婦が眠りにつくと、シャワーを浴びているらしいのが物音で分かるという。ごくたまにトイレの前で鉢合わせすることもあるが、次男は何もいわずに部屋に入ってしまう。

「きっと親とは顔を合わせたくないのでしょう。自分に黙っておかしな業者を家に呼び、施設に入所させた。不信感を抱いたとしてもおかしくないと思います」

夫婦はいま、午前中は2人で散歩に出かけることにしている。次男が親の目を気にせず、風呂《ふろ》に入ったり、台所に立ったりできる時間をつくってやりたいと思うからだという。

初めての勝訴判決

こうした暴力的支援は、クリアアンサーだけに限らない。引き出し業者の違法性を認める初の判決が出たのは、渡辺さんとともに熊本に出張した翌月の2019年12月。クリアアンサーとは別の支援業者に対して損害賠償の支払いが命じられた。提訴したのは首都圏に住む30代の小説家、真紀さん（仮名）とその母親だ。

「いまでも部屋に1人でいると、ちょっとした表の物音にもおびえるんです」

取材に応じてくれた真紀さんが、支援業者による連れ出しと監禁の恐怖をこう振り返った。医師には心的外傷後ストレス障害（PTSD）と診断されたという。

マンションでひとり暮らしをしていた真紀さんの部屋に、複数の見知らぬ男らが侵入してきたのは15年秋。初めは外からドアを開けるよう求められたが、拒否するとバールでドアロックを破壊された。

ひきこもり支援施設「赤座警部の全国自立就職センター」を運営していた、「エリクシルアーツ」（東京）の代表である赤座《あかざ》孝明《たかあき》氏と、同社が運営する施設の職員だった。真紀さんはそのまま部屋から連れ出され、千葉県柏《かしわ》市内のアパートで女性職員との共同生活を強いられたという。

「ある日、すきをみて脱出を試み、最寄りの柏警察署に駆け込んだんです」

だが、署員らは真紀さんの訴えには耳を貸さず、施設に連絡を入れた。真紀さんは職員に連れ戻されたうえ、財布と携帯電話まで取り上げられたという。

後に私が取材したこの施設の別の元職員の男性によると、赤座氏は元岐阜県警の警部だと語っていた。元警察官の知識と経験を生かし、ひきこもりや家庭内暴力など青少年の「生活習慣の乱れ」を正すというのがこの施設の基本的な方針とのことだった。

契約したのは実家で暮らす70代の母親だった。この数日前、親子ゲンカの勢いで真紀さんが思わず手を上げたことにショックを受け、インターネットで見つけたこの業者に電話をかけたという。当時真紀さんはアルバイトを辞め、マンションで小説の執筆に専念していた。

母親にも取材を申し込み、真紀さんと一緒に新宿の貸会議室でじっくり話を聞くことができた。こんな業者と契約した母親に真紀さんが複雑な思いを抱いているだろうことは想像できたが、目の前に並んだ2人は話をしながら何度もうなずき合い、仲の良さそうな母娘にみえた。

「家庭内暴力というのは大げさかもしれませんが、娘の様子に驚いてしまい、アドバイスを求めるつもりでした。それが、対応した職員に『娘さんはひきこもりです』と言われて『これは大変なことになった』と思ってしまいました」と母親は言う。

職員はこうたたみかけてきたという。

「お金を残しても何もならない。娘さんの未来を買いましょう」

「お母さんの覚悟が大事です」

その言葉に背中を押されるように、母親は3カ月間の入寮費用として約570万円を支払った。しかし、真紀さんは入所から3カ月を前に何度目かの脱走に成功し、実家に戻った。

「娘を深く傷つける結果となった。申し訳なく思っています」


真紀さんと母親はその後、「マンションへの侵入や施設での軟禁生活によって精神的な苦痛を受けた」などとして同社と赤座氏らを提訴した。19年12月、東京地裁は赤座氏側に慰謝料など計約500万円を支払うよう命じる判決を出した。

判決では、赤座氏らが真紀さんの同意なく、バールでドアロックを壊して部屋に違法に立ち入ったと認定。本人の状態を把握するための聞き取りをしていないことを問題視し、財布や携帯電話を取り上げたことも「自由な意思に基づいて行動する権利を侵害した」と指摘した。赤座氏は控訴せず、判決は確定した。だが、真紀さんによれば判決から2年以上が経った今も賠償金は支払われていない。

いつのまにか会社のホームページは閉鎖され、取材しようと電話をかけてもつながらなくなっていた。訴訟の際の赤座氏の代理人弁護士に取材しようと連絡したところ、「すでに（弁護は）辞任しており、現状は把握していない」と話した。

ところがその後、赤座氏が別の名前のひきこもり支援施設を運営していることが分かった。「こころのがっこう」というその施設名をインターネットで検索してみると、「寮における共同生活で社会復帰を目指します　緊急入所可能」などと書かれたタイトルとともに、電話番号が載っていた。

電話すると受付らしい女性が出たので取材したい旨を伝えた。その後、赤座氏本人から電話があり、「『赤座警部』はすでに閉鎖し、いまは『こころのがっこう』だけを運営している」と説明した。両方とも以前から運営を続けていた団体だが、売り上げなどの事情から一団体に集約したという。

いまは宿泊側の施設の運営はしておらず、「親御さんにアパートを借りてもらうなどし、スタッフが通いで10人くらいを支援している」。支援の中身については「まずはカウンセリング。次にスポーツなどなるべく体を動かしてもらう。あとは社会人としてのマナーや考え方、態度ですね。それを人生の先輩としてお話する。そういう三つくらいですね」と話した。やはり自分は元警察官で、スタッフには「警察ＯＢもいる」という。

真紀さんの地裁判決について問うと、「組織なので（現在は）やっぱりコンプライアンスと人権を尊重している」と話し、賠償金が支払われていないことについてはこう答えた。

「あれ、まだ払ってませんかね。代理人の方に費用を払って事後の整理なんかもお願いしたはずですけど、きちんとした形になってません?」

賠償金が支払われないとはいえ、真紀さんは価値ある勝訴判決を手にすることができた。ところがあけぼのばし自立研修センターは破産で突然、消えてしまった。

深刻なのが哲二さんだった。引き出し屋をめぐり、他にも暴力や脱走、裁判などさまざまなトラブルが相次いでいることをようやく両親が理解してくれ、やっとの思いで裁判にまでこぎつけたのに、被告であるセンターの運営会社が存在しなくなり、裁判は停止を余儀なくされたのだ。翌年1月17日には東京地裁で5回目の弁論期日が指定されていた。あとは債権者集会に参加し、被害回復を訴える以外に道はないという。

あけぼのばしの破産は、息子のタカユキさんを失った渡辺さんにとっても思いもよらないことだった。せっかく弁護士とともに熊本にまで出かけ、裁判を決意したのに、訴える会社がない。

「このままでは息子に何があったのか、分からなくなってしまう」

破産により、職員らの所在もつかめなくなった。裁判という手掛かりの糸が消え、渡辺さんはまた取り残されることになったのだ。

3カ月後の2020年3月30日、破産に伴う債権者集会が、東京簡裁で開かれた。センター側は、「ネガティブ報道による風評被害で契約件数が減少して経営が困難になり、研修生の精神・身体の安全を守れない状況になった」などと、破産に至る経緯について説明した。

日比谷のカフェで

破産したあけぼのばし自立研修センターの運営会社「クリアアンサー」の債権者集会が東京・霞《かすみ》が関《せき》の東京簡易裁判所で開かれたのは2020年3月30日。地下鉄の駅を降り、日比《ひび》谷《や》公園に面した家簡裁庁舎の前に歩いていくと、これまで取材をさせてもらった人たちの多くも次々に集まってきた。

あけぼのばしと係争中で千葉県内に住む奈美さんと父親の二三男さん、神奈川の哲二さんも債権者として会場の会議室の中に入っていった。息子のタカユキさんを亡くした渡辺さんについても、林治弁護士が「裁判を検討していて、債権者になる可能性がある」からと破産管財人に申し入れ、集会に参加できることになった。

メディアは会場内で取材することができないため、私は廊下に立って中の様子をうかがっていた。あけぼのばし自立研修センター代表の監物啓和《けんもつのりかず》氏が出席する可能性もあり、集会終了後に取材を試みようと考えてもいた。経歴も何も知らない人物だが、坊主頭で眉《まゆ》の太い監物氏のバストアップの写真がパンフレットに載っていた。

新型コロナウィルスの感染対策のため、会議室のドアは開け放たれている。ドアの近くで聞き耳を立てていると、どこからか裁判所の職員がやってきて、その場から離れるよう求められた。

結局、監物氏は来たのだが、会場に出入りする際に、メディアに囲まれることのないよう警戒していたのかもしれない。集会の終了後、債権者たちが続々とドアから出てきたが、監物氏はどこか別の出口から退出したらしく、姿をみることはできなかった。

中での取材がかなわなかったこの日の債権者集会の様子は、哲二さんや奈美さんたちから詳しく聞いた。

冒頭、破産管財人の田島正広《たじままさひろ》弁護士からはクリアアンサーの預貯金や資産を調査するなど今後の方針について説明があったという。哲二さんたちに配当があるか、つまり、調査で出てきたお金が分配され、手元に戻るかどうかは、今後のこの調査にかかっている、とのことだった。1000万円もの費用を支払って次男を1年間預け、さらに延長の料金1000万円を支払った直後に破産を知らされ、息子も帰宅させられた千葉県の小池さんも債権者のひとりとして会場にきていた。

実際にお金が戻るかどうかは、調査の行方を見守るしかない。

2回目の債権者集会は3カ月後の7月に開かれることになった。


監物氏は当初、「コロナの影響で欠席する」と弁護士経由で伝えてきていたという。会場では参加者と向かい合うよう正面の席に座ったが、本人はほとんど言葉を発することなく、マスクをしているので表情も読み取れなかったとのことだった。

途中、哲二さんは発言を求め、監物氏から直接説明を聞きたい、と訴えた。だが、監物氏は、人形のようにただ正面を向くだけ。哲二さんは必死に言葉をかけた。

「何か言うことはないんですか」

「責任を感じないのか」

「拉致や監禁があったことを認めて謝罪してください」

しかし、監物氏はまるで聞こえていないかのように正面を見据えていたという。

その後、監物氏の代理人弁護士は、破産に至る経緯などを説明する監物氏の文書を代読したという。「メディアによるネガティブキャンペーンの影響で、経営が困難になった」などといった内容だった。

債権者集会で謝罪をするものの、監物氏はむしろ堂々と正面を向き、ひきこもりを理由に自宅から連れ出された当事者やその親たちが、言葉を失い、それをみつめる。大きな声を出したり、激しく怒りをぶつけたりする人もなく、集会は整然と終わった。

田島弁護士の事務所や裁判での代理人の弁護士に、監物氏に取材したい旨を申し込んだが実現はしなかった。


会社相手の裁判は中断し、奈美さんや哲二さんにとっては先のみえない苦しい状況がまだ続くことになる。

一方で、同じように「引き出し屋」の被害を訴える人同士、会って話をするのは、いい気晴らしにもなるようだった。

この日も奈美さん、哲二さん、渡辺さんら関係者10人ほどが、集会後に日比谷公園北側の「スポーツステーション&カフェ」に集まった。この夏に開催予定だった東京オリンピック・パラリンピックの機運を盛り上げようと２０１８年、スポーツ用品メーカーのアシックスがオープンしたカフェで、およそ90席もある広々としたフロアと、一面ガラス張りの明るい店内が特徴だ。

裁判所側から公園に入って、すぐ左手にあるのがこのカフェで、以降も、奈美さん、哲二さんの裁判の期日があった日には、他のあけぼのばしの元利用者などとここに集まり、裁判について話したり、近況を報告し合ったりした。いつもあまり混雑はせず、長くいられるのも好都合だった。

公園の向かいには厚生労働省のビルがある。後に同省では、引き出し業者の被害を訴える当事者や家族へのヒアリングが行われたが、そうした際にも、皆でここに集まった。話したいことや、他では話せずにいることがたくさんあるのだろう。私が一足早くカフェを出て新聞社に戻り数時間後、「さすがにもういないだろう」と思いながらも気になってカフェをのぞいてみると、まだ数人が集まって話し込んでいることもあった。

80代の渡辺さんは、哲二さんら30代の若者たちとテーブルを囲み、ときどき笑顔もみせていた。

後に渡辺さんが電話でこの日のある出来事について楽しそうに話してくれた。

債権者集会での哲二さんは、スーツにネクタイで正装していた。監物氏に詰め寄り、管財人の弁護士にも「元利用者への被害の回復を優先してほしい」などと理路整然と訴える姿に、渡辺さんは「私が言いたいことを代わりに全部言ってくれて、胸がすくようだった。本当に頭がいいのね」と関心したように振り返った。

おもしろかったのはその後だという。集会が終わった後、やはり元研修生の親なのか、同じ債権者の席にいた高齢の女性が哲二さんに近づき、こう言った。

「すみません、弁護士さんでしょうか」

「それを聞いたときあたし、もうおかしくて」

渡辺さんが笑う。女性はまさかこの弁の立つ男性が複数の男たちに体を押さえつけられ、自宅から連れ出されたり、病院に入れられてオムツまでつけられたりした被害者だとは夢にも思わなかったようだ。

私も、実年齢より貫禄《かんろく》がある哲二さんが堂々とマイクを握り、会場を圧倒する姿が目にうかび、一緒になって笑った。

一方で奈美さん、哲二さんら引き出された若者たちも、渡辺さんにはいつの間にか心を許したようだった。数人でLINEグループなどもつくり、連絡を取り合うようになった。引き出し屋に連れ出された当事者からみれば、渡辺さんはひどい業者に依頼をした「親」で、連れ出しに加担した側の立場だといえなくもない。複雑な感情を抱くのではないかとも勝手に心配したが、杞憂《きゆう》だったようだ。若者たちは渡辺さんにはいつも親切で、渡辺さんが彼らをみる目もとても温かだった。

息子と重なってしまう

そんな集まりの輪の中に、九州出身の30代の仁美さんがいた。大きな目が印象的な、優しそうな雰囲気を持った女性だ。両親との関係に悩み、部屋にこもるようになって約４カ月が過ぎた２０１８年12月、突然、部屋にきたあけぼのばしの職員らに部屋を出るよう説得された。依頼したのは姉だった。

「行きません。なぜ事前に来ることも知らせずに来るんですか。いったん帰ってください」

「いや、あなたはもう行くことに決まっているから」

「やめて、さわらないで、私は行かない」

泣き叫んで抵抗したが、４〜５人で手足を持たれ、車に乗せられたという。

仁美さんが最初に運ばれたのが熊本の研修施設で、その後、新宿のセンターに移送された。いまはセンターを出て、生活保護を受けながら都内で一人暮らしをしている。

大勢で話していてもいつも聞き役に回り、意見を求められると控え目ながら的確に答えを返す。インターネットやＳＮＳで情報をリサーチするのが得意らしく、破産し、姿を消したあけぼのばしの元スタッフらのものとみられるＳＮＳにたどり着き、アップされた最近のパーティ動画を探し出してきたのには、皆が舌をまいていた。

そんな仁美さんだが、ひきこもりに至るまでのさまざまなストレスと、あけぼのばしによる拉致・監禁の恐怖で人が怖くなり、部屋を出るのには勇気がいるようだった。皆といるときは平静さを保っていたが、本当は自分を責め、焦り、落ち込んでもいた。

仁美さんが信頼を寄せるようになったのが両親より年上の渡辺さんだった。ときどき電話をかけ、「きょうも家から出られなかった」「食欲がわかない」など苦しい気持ちを打ち明けるようになった。

「ご飯を食べなくていいから、温かいお茶を飲みなさい。それだけで気持ちが落ち着くから」

渡辺さんも仁美さんを心配し、食品を宅配便で送ることもあった。一人暮らしの仁美さんに、亡くなった息子のタカユキさんの面影が重なったからだ。

「みんなこんなに個性的で、優秀で……。こんな子たちが会社や学校で辛い思いをして、ひきこもりになってしまう。親やきょうだいですら、この子たちの本当の良さを見失ってしまう。やるせないですね」

かつて息子のひきこもりに悩み、自宅を売ってまでそれを治さなければいけない、と考えていた渡辺さんだが、この若者たちに接する中で、「ひきこもり」への認識も変わっていきつつあるようだった。

支援というのならまず、ひきこもっている本人の思いや希望を第一に考えるのが当然のことだ。突然、部屋に踏み込まれ、無理やり外へ連れ出されたことで、彼らがどれほど傷つき、時には親を恨んだことか……。そう思えるようになった渡辺さんは、それまで以上に自責の念にさいなまれるようにもなっていた。

この年の8月下旬、KHJ全国ひきこもり家族会連合会が、厚生労働省に対して「引き出し屋」への規制強化を求める申し入れをした。その際、KHJに勧められて、渡辺さんが同省の担当者あてに書いた手紙がある。そこにはこんなことが書かれていた。

「ひきこもりといわれる方々への公的支援を充実させてくださいますようお願いいたします。今度のことで私は周囲の人々からひきこもりと呼ばれ、あけぼのばしの被害に遭った若い方々と知り合うことができました。皆、心根の優しい親切な方ばかりです。あけぼのばしで怖い思いをされた皆さんが息子のように命を奪われることなく、ともかく生きていてくれてよかったと思わずにはいられません。

こんな穏やかな方たちが二度と怖い目に遭うことなく、会社や学校で深く傷ついた心をいやしてまた社会に出て行けるよう行政の支援をお願いいたします」

第三章　なぜ頼るのか——孤立する家族

あなたがなんとかしてくれるのか

ファミリーレストランの席で私の隣に座った望月宣武《もちづきひろむ》弁護士の携帯電話から、絶叫に近い女性の声が漏れてくる。

「暴力受けて、ものを壊されて、家族らしい生活をできない。私たちはどうなるんですか！」

同じフロアの向こうには、不登校やひきこもりを支援するというA塾から脱走してきたばかりの10代の少年が、うなだれるように座っていた。女性は少年の母親で、「少年が家に戻りたがっている」と伝える望月弁護士に激しく反発している。

「暴力、暴言、一歩間違えば誰か死にます」

「あなたが息子を立ち直らせてくれるんですか」

店内に客の姿は少なく、母親の声は電話ごしにもかかわらずかなりクリアに響いた。

関東に住む少年のもとにA塾のスタッフ数人がやってきたのはこの日から2カ月前の2021年12月のことだという。少年の不登校と家庭内暴力に手を焼いた両親が相談し、少年は「いきなり部屋に入ってきた男たちに手や足をつかまれて車に乗せられ、施設に連れてこられた」と話した。事実であれば、少年もやはり拉致同然に連れ出されたことになる。

少年はその後、施設内で自身のスマホを使って検索し、「ＫＨＪ全国ひきこもり家族会連合会」を見つけ出して連絡してきた。そして「すぐにここを出たい」と訴え、家族会から依頼された望月弁護士が、少年を保護するために塾がある都内の住宅地にやってきたのだ。私はKHJ副理事長でジャーナリストの池上さんにお願いをし、取材のため同席させてもらえることになった。

日中、散歩を装って寮を出た少年は、望月弁護士らと待ち合わせ場所の公園で合流し、近くのファミレスに移動した。そこで少年の母親と電話で話したのだった。少年からもこれまでの経緯を聞きとり、今後の方針を話し合った。

「いまから二つのことをやります。君が連れ戻されないようにすること。そして、荷物をA塾から取り返すこと……」

望月弁護士の話を聞くうち、うつむいて不安そうだった少年も、落ち着いてきたようだった。

「不登校、家庭内暴力、ひきこもり」

ネットでひきこもりの支援業者を検索してみると、大抵、この三つの言葉が併記され、経験あるプロが解決に導く、とうたう。だが、これまで「引き出し屋」の取材を続けてきた私は、この種の業者のいう「プロ」の言葉や、解決方法に疑問を抱くようになっていた。宣伝でうたうような「成功例」が、本当にあるのだろうか。

小柄でおとなしそうな目の前の少年は10代。19年秋に熊本に行った際、「あけぼのばし自立研修センター湯前研修所」から脱走し、近くの納屋で自殺した19歳の少年のことがつい頭をよぎる。

施設を脱走しても、行く場所がなければ生きてはいけない。「施設には絶対に戻りたくない」という少年が今夜どこに泊まるかが、さしあたっての問題だった。

実は今回の手はずについては、関係者が管轄の保健所と連絡を取り合い、前もって事情を説明してあった。少年の場合、通常の脱出支援が「未成年者誘拐」に問われるリスクもはらんでいる。そのリスクを回避するためだ。いきなり弁護士から少年の両親に連絡しては驚かせてしまうため、両親に保健所経由で連絡をとってもらうのも目的だった。

望月弁護士が、すでに少年が施設を出て近くにいること、「家に帰りたい」と希望していることを伝えると、母親は軽いパニックに陥ったようだ。

「いや、待ってくださいよ。うちは息子にひっかき回されてきた。これ以上無理だというなかで、ぎりぎりのところで生活している」

「息子ひとりがよければいいんですか！」

A塾に入れられたことを恨みに思った少年が帰宅し、余計に暴れることを恐れているのかもしれない。

まず、「家に帰る」という希望をかなえるのは難しそうだった。ひとまず少年を保護することを両親に納得してもらわなければならない。

——いったんこちらで保護することでご両親の了解を得たい。

「お金はどうなるんです」

——ご両親に請求することは考えていません。

「弁護士さんが次の施設を見つけてくれますか」……。

話の様子では、この両親は数百万円もの費用を支払ったらしい。

望月弁護士が言葉を重ねる。

——ご両親は本当に苦しまれてきたし、助けがなかった。私もそれなりに理解しているつもりです。でも、息子さんにA塾は合わなかったんですよ。ご家族はみなさん傷ついていると思う。それを息子さんだけに背負わせて、ひとりだけ家を出されてしまっています。いきなり業者に連れて行かせる前に、息子さんとよく話をするべきだったのではないでしょうか。

「話したって息子は……」

とりあえず少年が施設を出ることについては納得したようだ。望月弁護士は保健所とやりとりし、その晩は少年を都内のホテルに宿泊させることに決まった。

そして次は、A塾に電話をかけた。望月弁護士から、解約を希望していることや、少年の荷物を引き取りたいことなどを伝えると、塾側はあっさり了解したようだった。


民間の支援業者になぜ親たちは頼るのか。

役所などの公的機関では解決に時間がかかる。ひきこもりや不登校の相談でも、たいていは「焦らず待ちましょう」などとアドバイスされる。家庭内暴力があっても、子どもを家から連れ出し、預かってくれることなど期待もできない。そこに、問題をすぐに取り除いてくれるとうたう民間業者やサービスが現れる。

あけぼのばし自立研修センターのパンフレットにもこうある。


「もう、どうしたらいいか分からない」

「この子とこれ以上一緒に暮らしたくない」

「自分の子がこう（ひきこもり）だって誰にもいえない」

「（子どもと）話もできない・接触できない」

「あの子を殺したいと思ってしまう」

これは、実際にあけぼのばし自立研修センターへ寄せられている率直なお客様の声です。

そしてパンフレットはこう締めくくる。

「私たちは、人としての基本的な生活から、就職や夢への実現まで幅広くサポート致します」

こうして親たちは意を決して、またはすがるような思いで数百万円という対価を支払う。ひきこもっている大学生の息子のために、あけぼのばしと半年で６８０万円という契約を結んだ中部地方の60代の父親からはこんな話を聞いた。

「その時はもうここに賭《か》けるしかない、と追い詰められていたんです。確かにパッと出せるお金ではない。ですがこれだけの金額を取るのだから、なんとかしてくれるという期待もありましたよね」

その方の大学生の息子は結局、施設を飛び出した。それでもお金は戻らない。いまは自宅で過ごしているという息子とは互いに当時の話はしないという。

86歳、父の苦悩

「ひきこもり」という言葉が一般的に知られるようになったきっかけは１９９８年、精神科医の斎藤《さいとう》環《たまき》さんが『社会的ひきこもり　終わらない思春期』（ＰＨＰ新書）を出版したのがきっかけだという（『親も子も楽になる　ひきこもり〝心の距離〟を縮めるコミュニケーションの方法』〈中央法規〉山根《やまね》俊恵《としえ》著　27ページより）。著者の山根さんによると言葉そのものは90年代はじめにはすでに使われていたが、当初は学校に行かない子どもや若者たちを示す言葉だったという。そして、これといった解決策がないまま30年の年月が過ぎた。

２０１９年、国は40歳以上の中高年のひきこもりの人が60万人にのぼるとの推計を発表した。ひきこもったまま、進学や就職の機会を逸してしまう「子ども」たち。そして親子がともに高齢化し、80代の親の年金などを頼りに親子が暮らす「８０５０家庭」が広がっている。

そんな当時から40年以上、子どもの「ひきこもり」と向き合ってきた86歳の父親に話を聞くことができた。待ち合わせ場所はある大都市近郊の駅前の喫茶店。父親は駅までの電車の乗り換えルートから、待ち合わせ場所への道順までを事前に、簡潔で分かりやすいメールで知らせてくれた。

父親によると、１９６０年代生まれの息子（50代）がひきこもるようになったのは40年近く前、高校1年生の時だったという。

最初の兆候は、朝起きなくなったことだ。

「ひきこもりという言葉はまだなく、甘えや怠けだと思っていたんです」

やがて息子はまったく登校しなくなり、まずは高校に相談に行った。だが、学校側もこれといった原因も思い当たらなかったようだ。その後は教育委員会へ行き、そこで紹介された県の福祉窓口、不登校の子を持つ家族の会……と次々に相談先を訪ね歩いた。父親は地元では誰もが名前を知る有名企業の社員だったが、平日の昼間に動ける夜勤明けを利用して、妻と2人で考えられる限りの場所に足を運んだという。

「そんな日々が2、3年も続いたでしょうか。どこも話はよく聞いてくれるんです。でも具体的にどうしたらいいかは誰も教えてくれませんでした」

ある行政の窓口では、精神科を受診させた方がよいと勧められた。息子を精神科のクリニックに連れていくと、いきなりうつ病の薬を処方された。それでも状況は変わらないままで、診療所もいくつか回ったという。

最後にたどりついた病院では「息子さんは不安が強い」と言われ、医師が息子に鎮静剤と思われる注射を打った。そのとき、病室を出た息子の顔つきがまるで変わっていたのをいまも忘れないという。目はうつろで、口元も半開き。それから息子はこの病院で受診するたびに夜中に荒れるようになった。

ドンドンドン。深夜に壁をたたく音と、「あーーっ」という大声。やっと収まった、と思うとまた繰り返される。男性と妻はふとんの中でいつも、「近所にもこの声は響いているだろう。一体どうすれば……」と眠れない思いでいたという。

息子の様子が気になり、男性は仕事に出ているときも、職場から家に頻繁に電話を入れた。妻も疲れ切っていた。

「当時は民間の自立支援業者なんてない時代でしたが、それしか手がないと考えてしまう親の気持ちは分かります」

引き出し屋によるトラブルが相次いでいることについて話を向けると、男性はそんな感想を口にした。

本当に出口のみえない苦しい毎日だったのだ。

息子のことで悩み、もがき続けながら、やがて男性は会社を定年で退職した。息子は30代半ばを過ぎていたが、ちょうどそのころから少しずつ回復をみせたという。理由は定かではないが、男性が毎日台所に立ち、うつ病などに良いと本で紹介されていた魚中心のメニューを息子に食べさせるようになっていた。「食事も理由ではないかと思うんです。それ以外に思い当たらない」と男性は言う。会社を定年したことで男性も肩の力が抜け、息子との接し方が変わっていったのかも知れない。やがて息子はパートタイムで仕事にも出かけられるようになった。

そして夫婦が80代半ばとなったいま、息子が近くにいて、同居してくれているのはそれだけでも頼もしい、と男性は言う。

「買い物から何から息子が助けてくれています。でも、学歴も職歴もない彼が本格的に社会に出て行くのは難しいかもしれない。妻とは、せめて少しでも多く息子にお金を残したいと話しています」

仏つくって、魂いれず

「相談機関や窓口をたらい回しにされ、疲弊する。ひきこもりの子がいる親たちの多くが経験しているのではないでしょうか」

そう話すのは、先ほど紹介した本の著者で山口大学大学院医学系研究科教授の山根俊恵さんだ。山根さんは精神科の元看護師で、山口県宇部《うべ》市内で２００５年からひきこもりの当事者や家族を支援するＮＰＯ法人「ふらっとコミュニティ」を運営している。

19年冬に都内であった山根さんの講演を聞いたのをきっかけに取材をさせてもらい、ひきこもり支援をうたうビジネスについての取材を進めるにあたっても、要所要所で助言をいただいてきた。

21年12月、「20代の息子の暴力に悩む家族の相談を受け、あらためて行政の支援の実情を聞いて暗澹《あんたん》たる気持ちになった」とのメールをいただいた。

この母親は、息子の家族への暴言や暴力に困り果て、思い切って110番通報したところ、駆けつけた警察官に「精神科に行ってみたらどうか」と勧められた。そこで母親が精神科へ行くと、「ここは薬で治療することしかできない」と言われ、「ひきこもり地域支援センター」の一覧表を手渡されたという。これは、厚生労働省が09年から、都道府県と政令指定都市にもうけたひきこもり問題に特化した専門の相談窓口で、22年4月現在、全国に79カ所ある。しかし、母親が一覧表にあったセンターに電話をして、最初に言われたのが「精神科につれていくように」との言葉だったという。

この母親はそれまでも、保健所や児童相談所など思いつく場所をいくつも訪ね歩いていたという。「焦らず見守れ」「距離をとって手紙で思いを伝えろ」などとアドバイスされ、実践してきたが状況は悪くなるばかりで、ついには110番するところまで追い込まれたのだ。

「どこに行っても他の相談機関を紹介されるだけということを繰り返し、どれほど疲弊し、落胆したことでしょう」

山根さんは後にそう話した。

ひきこもりという言葉がまだない40年前から息子のひきこもりと向き合ってきた86歳の父親の時代と、実態はいまもほとんど変わっていない。

ひきこもりの子を持つ家族らによる全国組織「ＫＨＪ全国ひきこもり家族会連合会」（1999年設立）が、当事者や家族ら約６３０人から回答を得たアンケート（18年公表）では、支援を受けた経験がある家族の45％が自治体などの支援機関や医療機関の利用を「中断したことがある」と回答した。せっかく相談などにたどり着いても、別の機関を紹介される「たらい回し」に疲れたり、理解のない言動に傷ついたりして、誰かに頼るのをあきらめてしまう様子が浮かび上がる。

ＫＨＪはこう指摘する。

「行政の支援が途絶し、結果として家族が社会との関係を絶ってしまう。当事者や家族は『ひきこもりは恥ずかしい』『自分たちが悪い』などと周囲からさんざん思い込まされていることも多く、なんとか勇気をふりしぼって相談に行っている。こうした心情への理解が支援する側に足りていないと感じる」

ＫＨＪは同年、行政窓口側にもアンケートを行った。

「相談対応や訪問スキルを持った職員・スタッフがいない」

「スキルを学ぶ機会がない」

「通常の業務が繁忙で対応の余裕がない」

そう悩む支援機関が多いことも分かったという。

山根さんは言う。

「ひきこもり地域支援センターを専門的な窓口と国はいうが、実際は役所に看板を設置しただけで、大半はこれまでと同じスタッフが手探りのまま対応しているのが実情です。これでは『仏つくって魂いれず』と言われても仕方がない。誰のための施策なのか、何のためにそれをするのか、専門性とは何か、国はいまいちどよく考えてほしい」

親亡き後をどうするか

ひきこもりの問題を取材しはじめた2019年春、インターネットを検索していると半年前のこんな新聞記事に目がとまった。

自宅で死亡した母親(76)の遺体を放置したとして、神奈川県警金沢《かなざわ》署は、死体遺棄容疑で横浜市金沢区の無職の男(49)を逮捕した。署によると、男は長年、自宅に引きこもって他人と会話がほとんどできない状態で、取り調べには筆談で応じているという。

（２０１８年11月5日　共同通信）

新聞やテレビ各社が報じたいくつもの記事をネットでみると、逮捕された男性は40年以上ひきこもっていた、とある。そして母親が自宅で倒れた後、どこに連絡していいかも分からず、遺体を放置していたという。逮捕後、警察署から検察庁に身柄を送致される際に、テレビ局が撮影したとみられる画像もあった。「40年ひきこもっていた男性」を撮影するため、警察署の建物の出入り口付近で、報道各社が待機していたのだろう。白い壁の前で警察官に付き添われ、長髪の中年男性が下をむいて立っていた。

無職で独身の中高年の子が、高齢の親の年金を頼りに暮らすのが「８０５０家庭」。そして、そうした子らが親亡き後、どう生きていけばいいのか。それを考えさせる事件ではないかと私は思った。この家庭に何があったのか、男性はいまどうしているのだろうか。

さっそく、朝日新聞の横浜総局に当時の警察発表資料を送ってもらい、取材することにした。

発表資料をもとに私は母子が住んでいた部屋がある大型団地を訪れた。部屋番号までは分からなかったが、最初に訪ねたお宅で呼び鈴を押すと、玄関先にでてきてくれた高齢のご夫婦が、事件当時のことを覚えていた。

「あのときはパトカーや救急車がきてすごい騒ぎだった。その後、テレビのカメラが何人もでやってきたり、ニュースで映されたりして……。ここに住んで20年以上だけれど、あんなことは初めてだね」

亡くなった母親とはいわゆる近所の顔見知りで、会えばあいさつなどを交わしていたという。そして夫婦は言った。

「娘さんがいるのは知っていたけど、あんな大きな息子さんがいたなんてまったく知らなかった」

男性は事件が起きるまでこの団地の部屋からほとんど外に出ることはなく、その存在すら知られていなかったというのだ。

その後の夫婦の言葉はさらに意外だった。

「息子さんはいまも、あの部屋にひとりで暮らしているそうですよ」

事件になったせいで、私はてっきり空き家になっているのだとばかり思い込んでいた。夫婦によると事件後、別のまちで暮らす男性の妹が、幼稚園くらいの小さな男の子を連れて「ご迷惑をおかけしました」と謝罪に訪れたという。

「つい最近も男の子を連れて、お兄さんの様子をみにきていたみたいだね」

妹の連絡先や住所を聞いてみたが、夫婦はそこまでは知らないと話した。

男性がひとりで暮らすという部屋のドアの前に立ってみた。そして思い切って一度だけ呼び鈴を押したが、予想した通り何も反応はなかった。ひっそり暮らしているだろう男性を怖がらせてしまったかもしれない。もうこの周辺を取材するのはやめようと思った。

帰り際にこの一帯を管轄する地域包括支援センターを訪ね、事件について聞いてみた。担当者は「事件は私たちもショックでした」と話した。女性が独居老人であれば、区役所から情報が入り、声かけなどのケアができたかもしれない、という。だが住民票などでは女性は、40代の息子との同居ということになる。

「こうした事情を持った家庭があったことは私たちもニュースをみて初めて知りました」

この母子の家庭は、孤独死などを防ぐための地域での見守りの対象からも外れていたようだ。

それからしばらくして私は、男性の妹にたどり着くことができた。実は妹は兄が逮捕されたことにショックを受けて、インターネットで検索してみつけたというKHJ全国ひきこもり家族会連合会に初めて連絡し、今後のことなどを相談していた。そして同会副理事長で、その後、私が取材でお世話になるジャーナリストの池上正樹さんにつながる。妹は池上さんから福祉の分野に詳しい横浜市鶴見《つるみ》区の沢井功雄弁護士を紹介され、兄の弁護を引き受けてもらうことができたという。池上さんも事件のことを週刊誌の記事に書いていて、それを読んだ私は、池上さんに妹を紹介してもらえないかとお願いをした。

同業の方に取材先の紹介を頼むのは正直気が引けたが、池上さんは快く妹に連絡をとってくれた。そして6月、池上さんと一緒に妹の久実さん（仮名）に会って話を聞くことができた。

待ち合わせ場所のJR四ツ谷《よつや》駅前に現れた久実さんの隣には、団地で話を聞いた夫婦が話していた通り、小さなリュックサックを背負った男の子がちょこんと立っていた。

息子に「一緒に死のうね」

40年もひきこもり、家を出ず、近所の人も存在を知らなかったという兄。久実さんによると、兄は幼稚園の頃から外でほとんど話ができず、小学校に入ると不登校になったという。

「家族ともほとんど話をしなくなり、母とはいつもメモでやりとりするようになりました」

兄は幼少期から、特定の状況で言葉を発せられなくなる「場面緘黙《かんもく》」で、それが悪化した状態だったとみられる。だが、家族が場面緘黙などという言葉を知ったのはずっと後のことで、父親は何を聞いても言葉を発しない兄に声を荒らげることもあったという。

「父もどうしていいか分からなかったんだと思います」

場面緘黙は精神疾患の不安症の一つで、事件後、男性は自閉症とも診断された。


母親の遺体を最初に見つけたのは、久実さんだったという。兄と母は2人暮らし。父は6年前に他界し、久実さんは結婚を機に20代で実家を離れていたが、高齢で持病もある母、そして部屋にひきこもっている兄のことが心配で、ときどき様子をみるため実家を訪ねていたのだという。久実さんはシングルマザーで、平日は介護関係の仕事に忙しく、夕方暗くなってから保育園に子どもを迎えにいく生活だった。多忙な中、なんとか時間をやりくりして実家に通っていたのだと想像できた。

そしてその日もいつも通り、玄関で母のいる方に声をかけ、リビングに入った。すると、昼間なのに布団がしかれ、そこに横たわった母の顔に白いタオルがかけられているのが目に入った。一瞬、心臓が凍りついたかと思ったという。以前から恐れていたことが起きたのだ。

あわてて兄の部屋のふすまを開けると、兄は体を横たえて窓の方を向いていた。

お兄ちゃん、いったい何をやっているの。

思わず憤りの声が出そうになったが飲み込んだ。同時に別の感情がわいてきたという。

「兄が無事でいてくれたことにほっとしたんです」

まずは救急車を呼ばなくてはと久実さんは119番通報した。すると救急隊とともに警察がやってきた。そして兄は、死体遺棄容疑の現行犯でその場で逮捕された。思いもよらないことだったという。久実さんは泣きながら、車に乗せられる兄の手を握り、「ごめんね、私がついているからね」と声をかけた。そのとき、長く伸びた髪の毛越しに、寂しそうにうつむく兄の横顔がみえた。

「もう十何年ぶりかにみる兄の顔でした」

沢井弁護士によると、母親は病死とみられ、詳しい死因は判明していないが、死後2週間ほど経っていたという。その2週間の間、兄はどうしていたのだろうか。母が倒れたであろう頃、兄が久実さんや近くの診療所へ電話をかけようとした履歴が、自宅の電話機に残っていた。兄が番号を押したものの、言葉を発することができないため、つながる前に切ってしまっていたらしい。やがて母は息を引き取り、兄は顔に白いタオルをかけた。

取材した金沢警察署の幹部によると、警察の取り調べでも兄は、質問にうなずいたり紙に書いて答えたりしたという。接見した沢井弁護士ともやはり、筆談でやりとりしていたという。

母と兄は、どんな暮らしぶりだったのか。父の死後、久実さんはほぼ毎月、実家を訪ねていたが、兄の部屋のふすまは閉まったままで、姿をみることはなかった。生前の母の話では、大人になった兄はベランダでトマトなどの野菜を育てていたという。母が種を買い、その野菜は2人の食卓にも上った。母との暮らしはそれなりに穏やかそうにみえた。

だが、事件後、母の筆跡のメモが兄の机の引き出しから出てきたのをみつけた久実さんは、ショックを受けた。

「私やあなたが死のうと思ったときは一緒に死のうね」

母がそこまで思い詰めていたとは気づかなかった、と久実さんは話した。

「私にはいつも、『大丈夫だから』と言うばかりだったから……」

途切れた支援

実は、母は父が亡くなった後の2013年ごろ、金沢区役所に兄について一度相談に行っている。15年には、久実さんが母に付き添って再び区役所に相談に行った。区に相談したおかげで、兄は地元の精神科のクリニックの医師に定期的に往診してもらえたり、区からときどき見守りの電話をかけてもらえたりするようになったという。

ところが事件のあった18年の4月、つまり事件の7カ月前に区の担当者が母と電話で話したのを最後に、それらの支援は途絶えていた。そのことは事件後、久実さんが区に問い合わせて初めて知ったという。

なぜ区とのつながりが途絶えたのか。久実さんは「母とのやりとりで何があったかを教えてほしい」と区の窓口で頼んだが、「お母さんの個人情報にあたるから」と拒まれたという。

後に久実さんは悩んだ末、情報公開請求をして区から記録を取り寄せた。すると、往診の医師から「幼少期から場面緘黙があった」「外出をこわがる」などとして精神疾患の診断を受け、母は、兄の障害年金受給を申請しようとしていたことが分かった。だが、この手続きも中断してしまっていた。また公開資料の多くも黒塗りにされ、母とのやりとりの内容や支援が中断した原因はついに分からなかった。

母の死後から発見までの半月間、兄は冷蔵庫に残った食べ物で命をつないでいた。沢井弁護士は「妹さんがたまたま訪ねていなければ、『共倒れ』のリスクがあった」と指摘する。

私も区の担当課に取材に行ったが、「(母から、支援を受けることへの)拒否があった」と話すのみで、やはり個人情報を理由に答えは得られなかった。

先に紹介したKHJのアンケートにあった「支援の途絶」がここでも起きていた。

私は、今回のケースについて質問するため、場面緘黙の専門家で長野大学の高木《たかぎ》潤野《じゅんや》准教授に初めて電話をかけた。電話口にでた高木さんは、「その横浜の事件、私もずっと気になっていたんです」と取材に驚いた様子だった。

高木さんによると、場面緘黙は「特定の場所、状況になると言葉を発することができなくなる不安障害で、小学生の500人に1人の割合で見られる疾患」だという。これまでの研究や報告では、幼少期に発症し、不登校につながることも多い。さらにそれが成人になっても持続し、家族とも話せない全緘黙になることもあるという。

さらに意外な事実が分かった。

高木さんたち専門家でつくる日本場面緘黙研究会が男性の事件後、神奈川県警と横浜地検に対して手紙を送っていたというのだ。手紙は場面緘黙の特徴について説明した上で、次のように求めていた。

「逮捕された男性には場面緘黙の可能性がある」

「脳の損傷による失語症とは異なり、主に精神的な不安や緊張が原因とされている。他人と社会的な関係を築くのが困難な障害『自閉症スペクトラム』を伴うケースもあり、取り調べや勾留《こうりゅう》などの際の処遇には十分に配慮してほしい」

高木さんが経緯を説明してくれた。

「当時テレビのニュースをみて、『取り調べを筆談で行っている』というのを聞いたとき、すぐに場面緘黙の可能性を考えました。報道で伝えられる以上の情報は何もなかったのですが、逮捕され、勾留されるとなった以上、一刻も早く手紙を出そうということになったんです」

専門家たちがほとんど見切り発車のように出した手紙がどれほどの役に立ったのかは不明だが、兄は3日で釈放され、逮捕から2週間後に不起訴になった。そのことを伝えると高木さんは「そうですか。それはよかったです」と安心した様子だった。

母の生前になぜか手続きがストップしていた兄の障害年金の申請についても、沢井弁護士が介入するとすぐに精神障害1級の認定を受け、障害年金の支給が始まったという。男性はもとの部屋にひとりで暮らし、今では買い物などはヘルパーに頼っている。

「ヘルパーという他人を家に入れるのも兄にとっては精いっぱいの努力なんだと思います」

そう久実さんは話した。

兄は沢井弁護士を信用したらしく、少しずつだが筆談で話もするようになったという。

「お兄さんは爆笑問題の漫才が好きなんですってね」

あるとき、沢井弁護士からそう教えられた久実さんは、「お兄ちゃん、部屋で漫才なんてみていたの」と驚いたという。逮捕後、兄の部屋に入ったとき、座り机の上に置かれた国語辞典に、たくさんの線が引かれているのもみつけた。兄が外の世界とつながろうとしていたように思え、胸をつかれた。

「若いころは『こんなお兄ちゃんがいたら結婚できない』とうとましく思ったことさえあった。でも、いまはただ、兄が望むように生きていてほしい」

兄のカレンダー

最初に取材をしてから2カ月後、久実さんに電話すると、「兄に最近、変化が起きた」と教えてくれた。久実さんが「これから家に行くね」とファクスしてから家を訪ねると、以前は閉じられていた部屋のふすまが、半分だけ開いているようになったというのだ。

久実さんは兄の背中をみて無事を確認すると、台所に簡単な手紙だけ残してそっと帰るようにしている、と話した。

それからさらに半年が過ぎた翌２０２０年1月、久実さんからメールで連絡があった。前年の年末になって、逮捕時に押収されていた兄のカレンダーが警察から返却されたという。私はさっそく、久実さんを訪ねて見せてもらった。

それはメモ帳のような小さな紙を束ね、上の部分を針金で留めた手作りのカレンダーだった。鉛筆と定規でマス目が引かれ、日付と日々の出来事が小さな文字で記入されている。

手にとり、そこに並んだ文字に思わず釘付《くぎづ》けになった。

「強烈台風の後、母寝込む。気象病か」「トイレ前で転倒」「ハハ他界」……。亡くなるまでの母の様子が、ていねいに書き込まれていたからだ。ベランダでひとりで育てていたという花や野菜のことや、「初雪」「猛暑」「北海道地震」など、気象の変化や社会の出来事までが、細かく記されていた。母の年金を頼りに、親子2人がていねいに日々を暮らしていた様子が浮かんだ。カレンダーにみる兄の姿は実直そのものだった。

小学生のころから40年以上ひきこもり、「場面緘黙」が悪化した状態だったという兄。母が亡くなった際、誰にも知らせることができなかったが、母や家族のことはいつでも思っていたのだろう。事件前、久実さんが実家を訪ねても部屋のふすまが開くことはなかった、と先に書いた。だが、カレンダーには、訪ねた日付のすべての欄に、「くみ」と妹の名前が記されていた。

これからも、部屋で年齢を重ねていくだろう兄。少しだけふすまが開くようになったものの、話しかけても相変わらず反応はない。気長に付き合おう。でも、自分が支えていけるのか――。久実さんは不安な気持ちをどうにか抑えながら、兄との新たな関係を模索している。

第四章

暴力か救済か——メディアの教訓

「それが12年続いているじゃないですか」

２０２０年10月、関東地方などに住む20～40代の男性７人が、計２８００万円の損害賠償を求めて神奈川県にあるひきこもりの自立支援施設Ｂスクールの運営法人などを横浜地裁に集団で提訴した。

原告側の徳田暁《とくださとる》弁護士によると、いずれも17～19年に親の依頼を受けるなどしたスクールの職員によって自宅から意に反して連れ出され、寮生活を送ったという。寮では携帯電話の所持が禁止され、所持金も施設に管理されていた。部屋の窓には鉄格子があり、建物内には多数の監視カメラも設置されていたという。

この法人の代表Ｂ氏は、テレビなどメディアへの露出が最も多かった支援業者のひとりだ。Ｂ氏には、ひきこもり支援をテーマにした著書もある。私も購入し、じっくり読んだ。その本の帯には民放各局のニュースやバラエティ番組名が列挙され、「多数出演。各メディアで大反響！」とある。

かつて、この帯に書かれたバラエティ番組の一つが、波紋を呼んだ。16年３月に放送されたこの番組では、Ｂ氏とスタッフが、ひきこもりの男性の部屋のドアをたたき壊して部屋に侵入する場面が放送されたのだ。

放送翌月の4月、前述した筑波大教授で精神科医の斎藤環さんや福祉の専門家、ひきこもりの元当事者ら9人が都内で会見を開き、テレビ局に対して「支援の名を借りた暴力を肯定し、助長している」として抗議するとともに、BPO（放送倫理・番組向上機構）に審議を要請した。BPOとは、「テレビ番組の苦情や放送倫理の問題について対応するために、NHKと民放各局でつくる非営利の機関」だ。

当事者団体「KHJ全国ひきこもり家族会連合会」の理事として会見に臨んだジャーナリストの池上正樹さんはその後、ダイヤモンド・オンライン（16年4月7日）の記事で、会見の趣旨について説明している。

「引きこもっている当事者に『支援者』として接するのであれば、『暴力を用いた』手法ではなく、リスペクトの関係として『尊厳に対する配慮を踏まえた』手法で臨んでもらいたいというのが主張だった」

「引きこもっている本人を『犯罪者予備軍』であるかのように仕立て、困っている親を『被害者』という構図に落とし込み、部屋のドアを打ち破って大声で威圧する暴力的手法を映像で流し、批判も検証もされないまま放送したテレビ番組の影響は大きかった」

少し落ち着いて考えてみれば、見知らぬ人物のもとを予告なく訪れ、部屋のドアを壊すなど明らかに行きすぎている。だが、相手が「ひきこもり」ならそんな暴力すら許され、テレビ番組にまでなってしまう――。日頃、地道な支援に取り組む斎藤さんや池上さんは当時、そうした世間の風潮にも危機感を覚えたに違いない。

私はBスクールの元寮生7人が、B氏ら施設側を相手取り、集団で起こした裁判の話を聞くため、B氏に取材を申し込んだ。その際、B氏の代理人の弁護士にこのバラエティと、ほぼ同時期に放送されたというニュース特集の2番組の動画のリンクを送ってもらい、初めて番組を見た。20年12月のことだ。バラエティは、ニュース特集で放送されたものの短縮版だという。特集を見れば「誤解」が解けるとの趣旨で2本分の動画を送ってくれたとのことだった。

実際に見てみるとやはり驚くべき内容だった。

12年間ひきこもっているという40代男性の部屋の前にやってきたB氏とスタッフの計3人の男たちが、「出てきてください」「開けちゃいますよ」と説得を始める。部屋の中からは男性の「そこを開けたらたたき出す」との怒鳴り声が聞こえてくる。やがて、B氏が木製のドアにドンドンと掌底を打ち付け、真ん中からたたき割ってしまう。そして中に向かって「降りてこい!」と怒鳴る。男性も驚いたのだろう。すぐに屈服し、その場に座り込む。そして、

「現実をみろよ！」などというB氏のかなり荒っぽい説教をおとなしく聞き始める。男性はジャージのような部屋着姿で、いかにも無防備だ。運動不足なのか、太り気味の体形にもみえる。

「(ひきこもりから)回復するために今は努力している」と話す男性に、B氏はこう言い放った。

「それが12年続いているじゃないですか」

男性は黙り込む。何年もの間、働かないであなたはいったい何をしていたのか——。これはひきこもっていることに悩み、ふがいない、後ろめたいと感じている当事者を、簡単に、確実に屈服させることのできる殺し文句だと思った。

確かにニュース特集の映像には、ひきこもっている男性がなかなかドアを開けず、いったん母親のもとに相談にいったB氏に対し、母親が「ドアを壊してもかまわない」などと話している場面が映っている。そのくだりがカットされ、バラエティの方では、まるで自分たちが勝手にドアを壊したようにみえる、というのがB氏の主張のようだ。

だが、母親がそれを口走ったからといって、本当にドアを壊す支援者がどこにいるだろうか。

自立支援スクールのはじまり

スクールに電話をして取材を申し込むと、B氏本人から折り返し電話があり、意外にも「こちらも言い分を聞いてほしいと思っていた」と快諾してくれた。

指定された東京・虎《とら》ノ門《もん》の法律事務所に赴いた。受付の前に立ち、中へ案内されるのを待っていると、40歳前後とみられる男性が後から入ってきた。スーツ姿はサラリーマンというよりも、実業家風の着こなしで、すぐにB氏だと分かった。

「Bさんですか」と声をかけてあいさつした。

取材には弁護士も同席し、私はまず、B氏がひきこもり支援を始めるに至った経緯から話を聞いた。

「昔はひきこもりというより、非行少年の対応がほとんどだったんですよ」

B氏が話し始めた。

「地元に置いとくと悪さして、また少年院に入ってしまう。居場所を失った子を我々が居場所になって面倒をみていた」

16年前、B氏は、やはり非行少年の更生を手がけていたという「C塾」という団体の塾長を自ら訪ねて手伝うようになり、その後、独立。２００８年にスクールを立ち上げたという。

自身もかつては「不良少年」で、さまざまな人との出会いで立ち直ったという。

非行少年の更生を手がけるときは、警察で身元引受人になるなど現場に行かなければいけないことが多いといい、「当事者が暴れるなど危険なケースも多かった」という。ところが、「10年前くらいから、悪さをする訳でなく、家でゲームしたり、ひきこもり型の不登校が多くなってきた。岐阜県の山奥でそういう子たちを預かっていた」。つまり、２０１０年ごろを境に非行少年の更生から次第に、ひきこもり支援に事業をシフトしていったのだという。

「そんなころから、メディアでとりあげられることが多くなった。テレ朝が多かったですね。（非行少年のころはそうでもなかったのに）不登校、ひきこもりがクローズアップされてから、親たちからの問い合わせが急増したんです」

B氏の記憶では、8年ほど前からは、若者ではなく、「大人のひきこもり」についての相談が多くなる。

その後は現在の場所に移転。そこにもともとあった企業の社員寮を買い、建物を改装して施設をつくったという。

いまは1日あたり6〜8件の相談が寄せられる、と話した。

「親からが6割、本人が4割。相談から入寮につながるのは1〜2％。入寮につなげるために営業しているところ（他の施設）もあるが、自分は違う」

つまり、入所させることありきではなく、アドバイスだけで済ませていることがほとんどで、訴状にあるような「強引な説得」や「強要」はしていないのだと強調した。今回の裁判についてもこう断言した。

「訴状にでてきている子たちは、親からの依頼を受けて、僕が出向いて、現状を伝えて、それで本人が納得した上で、入寮を勧めている」

B氏はさらに自らを訴えた元入所者たちへの批判を展開した。

依頼を受けて現場に行くと、ひきこもりの子どもたちは親への家庭内暴力や金銭要求が激しいケースもあり、そうした行為によって「自己満足を覚え、承認欲求を満たしていく」と言い、こんな事例と結びつけた。

「農水省の次官の息子であったじゃないですか。『外の声がうるさいから殺しにいってやる』。そういう系ですよ」

これは19年6月、東京都練馬《ねりま》区に住む元農水省事務次官の男性が、「（運動会の音が）うるさい。ぶっ殺すぞ」などと口走った長男（当時44歳）の首を刃物で突き刺して失血死させたという事件を指しての話だ。この数日前には川崎市でスクールバスを待つ児童ら20人が殺傷される事件があり、元次官の男性が逮捕後の取り調べに「長男が危害を加えてはいけないと思った」との内容の供述をしたことが報じられた（2019年6月4日朝日新聞）。

一方で、自分たちのような民間の支援施設の必要性をこう訴えた。

「病院、学校、カウンセラー、どこ行っても『見守りましょう、待ちましょう』と言われ、たらい回しにされた結果、親も、あきらめてしまっていた人たち。僕のとこにくる人たちは本当に藁にもすがる思いだと思うんですよ。テレビでみて……」

「警察でも行政でも地域の相談員でもなく、親たちは僕を頼ってきて、98%くらいは（入所させるのでなく）アドバイスで終わっている。あとの2%はそれはまずいですねとなれば、自宅を訪問して、本人と話し合いをして、そこで（入所を）拒否する人もいますよ。拒否した上で、親との話し合いになる。そこで親との合意がとれれば全然、在宅型で支援しますよ。（家に）置いといたら何をするか分かんないなとか、自傷の危険性がある、他人に危害を加える可能性があるときは、僕らが根気よく説得して、本人が納得した上で入所してもらう」

原告側の言う「いきなり家にやってきて」「数人で囲まれ」「有無をいわさず連れ出された」との主張を真っ向から否定した。

テレビ番組の「見せ方」

話はバラエティ番組のあの場面にうつる。

「番組が、やたら焦ってそれを放送しようとした。そこまでのストーリーをカットして放送された」

だが、ニュース特集の映像をみても、ドアを壊す正当な理由が見当たらなかったことは先にも書いた。

さらにB氏は取材で「ニュースの映像もカットされている」と言い出した。

「ひきこもっている本人が前日、呼吸器を付けている親に馬乗りになっている部分はカットされている。我々が行ったときも中から棒でつついてくるし、警察にも立ち会ってもらって……」

「本人も許可してますよ。『開けますよ、開けちゃっていいですね』『じゃあやってみろよ。開けてみろよ』と」

「開けてみろ」は、ただの売り言葉に買い言葉のように聞こえるが、これが「許可」だったとB氏は主張した。

「（その後で本人に）ドア破っちゃってごめんなって。扉壊しちゃってごめんな、直すから、と言ったら、本人が『直さなくていいよ。家族と交流が増えて逆によかったです』と言われて、いやあ直すよって言っているんですけど」

先にも記したように２０１６年のこのテレビ番組は波紋を広げ、ひきこもり問題に携わる人たちからの批判が高まっていた。B氏は苦々しい表情で続けた。

「そこに登場してきたのが精神科医の斎藤環氏。同氏が旗振り役になって、BPOに調査を要請した。記者会見までした。この人たちが元祖の、ひきこもり支援の枠組みをつくっている人たちだというのを初めて知ったんですよ。そういうのがあって、（雑誌の）アエラとかでも戸塚《とつか》ヨットスクールの再来だと言われた」

放送をきっかけに「逆風」が吹き始めたという。

「それまでは医師とか人権派といった人たちに批判されることはなかった。（斎藤氏らの抗議を受けて）一応、ネット上で謝罪しました。『そういう見せ方をさせてしまった点についでは申し訳なかった』と」

B氏は、あくまでもテレビ制作上の「見せ方」の問題であり、自分たちの対応自体に何ら問題はないと繰り返した。

逆風、そして集団脱走

テレビ番組によって描かれたのは、中年のひきこもりを頭ごなしに叱りつけるという「引き出し」の現場だった。

これを「正義の味方」としてテレビが伝える理由について斎藤さんは著書『中高年ひきこ

もり』（幻冬舎新書）の中でこう指摘する。

悪いのは「甘え」や「怠け」でひきこもっている当事者で、それを叩き直すためにはいくらか乱暴なやり方をするのもやむをえない――テレビがそういう伝え方をするのは、ひきこもりのことを誤解している世間一般にはそれが「ウケる」からでしょう。

一方、私の取材に同席していた弁護士はこう補足した。

「番組の映像だけをみて批判されているが、実態はどうなのか。テレビに映った映像だけをもって暴力的であると一般化されてしまった」

こうした中、スクールである事件が起きた。18年7月深夜に、入所していた7人が姿を消したのだ。スクールの監視カメラに映っていたのは、ボストンバッグ、キャリーバッグを手に玄関を出ていく姿だった、とB氏は言う。

「所在がつかめないまま翌日になり、横浜市内の弁護士から（7人を保護したという内容の）要望書が送られてきた」

7人のうち1人は20年10月、B氏とスクールを提訴した原告にもなっている。この脱走の件では、共同通信などのマスメディアも取材し、ひきこもりの支援業者をめぐるトラブルとして報じている。

B氏はこう弁明する。

「脱走者がでるのは、軟禁とか監禁とかしていないから逃げだそうとすれば出て行ける。（10年以上前の）非行少年のときからそうですけど、30人いて、月に1人か2カ月に1人。ひきこもりの子は脱走するとコンビニとか駐在所とかで電話を借りて、親に電話をして『帰りたい』とか『死んでやる』とか、『学校に行かすな』と訴えては、家に帰ろうとすることが多かった」

B氏は、脱走者への行政の対応にも納得がいかないようだ。

脱走した寮生たちが役所に駆け込むと、役所が保護して、生活保護の手続きをとり、無料低額宿泊所に避難させるようになったのだ、という。

裁判では、携帯などの通信機器の所持が禁止され、所持金も預けなければならない中で、どうにか脱走しても、「職員が車で探し回り、連れ戻される」などと、事実上の監禁、軟禁があったことを原告側が主張している。

「彼らは、成人者ゆえに、われわれの施設からでて保護を求めるのは自由。それは国民の権利。ただ、何でその後に、人権侵害だとか、親との調停をもちかけてきたりとか、親の家に帰してくれとか、行政が何でそんなこと一緒になってやっているのかって思っちゃうんですよね」

私が「スクールは親と契約しているのだが、入所している当人はスクールでの生活に納得していないということなのではないんですか」と聞くと「行政もそれに加担するようになった」と訴えるB氏。脱走に対しても憤懣《ふんまん》やるかたないといった風だが、それを手助けする行政にも憤っているという言い方だった。そして、こう続けた。

「そもそもあなたたちが生活保護を適用して面倒みるなら、親がひきこもりに困っているときから対応してくれよと思うんですよ。保護してあげるとか。そこは話をすり替えてくるんですよね。拉致の被害者だとか、監禁をされているとか、ものは言いようだと思うんですけど」

ひきこもりの子を持つ親たちは、行政をたらい回しにされ、その結果、B氏のような民間の支援業者にたどり着く。最初から行政が手を差し伸べていれば、こうしたトラブルも起こっていないという言い分だ。「たらい回し」がすべての遠因だなどと業者側からいわれているこ とについては、行政は深刻に受け止めるべきかもしれない。

父親がやるべきことをやっている

ここまで約1時間半。一度話し出すとなかなか止まらず、内容も質問からどんどん離れてしまう。このまま続けようかどうしようかと考えたが、せっかくなので話したいだけ話してもらい、あとはB氏の言葉からできるだけ真意をくみ取ろうと考えた。

そしてそれが一段落したところで、ストレートな質問も投げかけてみることにした。

――拉致や監禁はあったのですか。

「いままで、本人の意思に反して連れてくるとか、やったことはない」

そうB氏は繰り返した。

「何がなんでも入寮しろというのではなく、理由を説明した上できている」

「規則正しい生活ができるし、うちで3カ月すごせば、ステップアップの道がみえてくるし、就職の道もみえてくる。がんばってみようよと言っている」

弁護士が付け加える。

「大前提として事実上、いまの状況が本人にとって居心地がいいという中で、第三者のBさんがやってきたとなれば、基本的には強く拒否されるということが前提としてある。そこからスタートして、説明して、納得してもらっていると思うが、ある意味不本意、消極的な同意という人はいた」

同行を拒む入所者もいることは認めた。だがその場合も問題は施設ではなく、当事者の側にあるとB氏は言う。

「（脱走の中心となった入所者は）金銭要求がすごいやつなんですけど、アルコール依存、金銭要求で、親は憔悴《しょうすい》しきっていた。別の人は親の証券口座を勝手に解約してきて、自分の口座に移している。資産管理するとかいって。それを競馬につかっちゃっている。親も警察に相談していて、本人は警察の説得に応じてわれわれの車に乗って、スクールに入所している」

——部屋から出てもらうためにある程度の強引さは必要ということですか？

「福祉の人みたいな『またきま～す』みたいなスタイルでやってしまったら、僕の支援は成立しないですよね。どの部分が強引かといえば『ダメなものはダメだ』というところは言う。（ひきこもりの本人から）帰れと言われて帰るのはいいが、呼ばれているのは（呼んだのは）そもそも親なんだと。

『親が話したいと言っている。君は話したくないと言っても相手側には話したい理由があるんだよ』。ここまでは言わないですよ福祉の人間は。家庭の諸事情にまでは踏み込まない。僕らは、ひとりの人の人生を預かるとなったとき、現実に引き戻す作業は、ひきこもりの本人たちからすれば強引に感じるかもしれない。でも、親たちからすれば『いままで言わなかっただけありがたいと思え』と言う親が多い。簡単に言えば（我々がやっていることは）父親が『お前そんなのダメだ』というレベル」

——親が言いたかったことを代弁しているということ？

「そうです。本来、父親がやるべきことを僕がやっているような感じがします。ひきこもりの当事者の必ず全員に言うのは、『刑務所に行こうがお母さんは味方だ。でも、お母さんをここまで苦しめるようなことはしたくないでしょ』ということです。僕らはなるべく母親の味方でいてあげたいんですよ」

「分かっているんですよ親たちは。5年10年見守り続けてこうなっちゃっている。甘やかしすぎてこうなっちゃっている。でもその親たちも被害者であると思うんですよ。いままでいろんなとこに相談して『見まもりましょう待ちましょう』なんて言われて、5年10年待たされて、親の会に入って。だけどひきこもってる本人が、自分の部屋の中でおしっこしはじめちゃったとか、暗闇のなかでモノを壊しているとか、怖いじゃないですか。だから僕は、そうなったのがみんな親が悪いのではなくて、社会システムに問題があるんだよと」

——脱走につながるようなトラブルに思い当たる点はないのですか？

「こんなところで公文なんかやらされるのか、という声はあった」

　スクールでは、入所後のプログラムとして、公文式の学習教材を使った勉強などを入所者に行わせていた。これは生活習慣を整えることが目的だとB氏は言う。ホームページにも農業体験、職業訓練などのプログラムがあると紹介され、「『本来あるべき状態への回復＝リハビリ』を目指します。共同生活を通じて規則正しい生活リズム、失われた人間関係を安全な環境で取り戻し、社会復帰に向けての準備を整えます」と書かれている。

Bスクールでは、入所後の就職先として、支援付きの仕事も用意しているという。勤務先は静岡県にあるメーカーの工場で、就職を受け入れてくれているという。

「ひきこもりは理想と現実のギャップが乖離《かいり》している人が多い。（脱走した入所者の中には）『俺は昔大学、慶応とか行ったのに。ホワイトカラーの仕事しかしたくない』という人たちもいる。現実に戻していかないといけない」

――監視カメラがあったり、窓が開かなかったりするというのは軟禁ではないでしょうか？

「本当は一度、施設を見てもらうのがいいですね。共同スペースには防犯カメラはあるけれど、プライベートの空間にはない。それを原告たちは『24時間みている』と言う」

原告たちが防犯カメラを監視カメラと勘違いしているだけだ、と話した。

入所者からこうした苦情があることについては「後から新しく入寮してきた生徒を取り込むやつがいる」とし、携帯を持たせない理由については「通信機器は持たないよう伝えているが、そもそも親が金を払っている。自分でお金を払えるのならいい。原則として所持はしないでね、と」。

――携帯を持たせないということの教育目的は何でしょうか。

「携帯によるゲーム依存とか、親に罵詈《ばり》雑言《ぞうごん》をあびせるとかがある。本人が働いてお金を払っているわけでもないし、特段、携帯が必要かといえば、学校にも電話があるし、学校にガラケーが6台あって貸し出している」

さらに踏み込んだ点を聞きたかったが、B氏は出張のため、これ以上時間がとれないとのことだった。やむなくこの日の取材は2時間あまりで切り上げることにした。

ひきこもりの「救済人」

新年早々から気分が重くなるようなテレビ番組だった。

2021年1月5日にBSテレ東で放送されたバラエティ番組「どうしてこうなった!? どん底人生からの救出スペシャル」。自宅でたまたまテレビをつけたら放送していたのだが、いわゆる「ゴミ屋敷」で暮らす女性などとともに、「中年ひきこもり男」が支援業者に「救われる」までの様子がドキュメンタリー映像と再現ドラマで紹介されていた。そこには3週間前に取材したばかりのあのB氏の姿があった。

冒頭は、ところどころにボカシの入ったごく普通の一軒家の映像。階段を上っていくと床に現金1200円があり、閉まった部屋の扉の前に、お盆に乗せた食事が置かれている。そこに、大げさなナレーションが入る。

「なんなんだ、この家は〜」

そして、この家に住む44歳の長男がもう15年もひきこもっているという事情が説明され、「部屋から出てこない」「もう限界ですね」という家族の悲痛な声が紹介される。するとまた先ほどのナレーションが「どうしてこうなった〜」。番組タイトルの「どん底人生」とはつまり「長年ひきこもっている」ということを指している。

そして「熱血救済人」としてこの家にやってくるのが、B氏だ。

B氏が長男の部屋のドアの前で、「お母さんとの話し合いにきてもらいたい」と声をかける。意外にもあっさりと部屋をでてきた長男の顔の上には「中年ひきこもり男」と書かれたボカシの文字。そしてB氏の指示に従って、ダイニングテーブルで、B氏を挟んで母と長男が向かい合う。

母親が訴える。

「お母さんの命があとどれだけあるか分からない」

「年金であなたを支えられない」

B氏も「親に頼る歳じゃないだろう」と説教する。長男はだまり込み、その後、「あしたハローワークに行きます」。するとB氏は「(それは)無理」と突き放す。「面接に行って、君この15年間、何やってたのって。履歴書出して(採用する側の企業の担当者は)どう思います?」「何年もの間、あなたは何やってたの?」というあの決めぜりふだ。

そして、「自立へのステップ、足がかりに我々が支援できますよ」と施設への入寮を提案し、長男はスタッフが運転する車に乗って、B氏が運営するスクールに向かった。

この場面は説得するというより、入所する以外の選択肢をふさぎ、追いつめたといっていいだろう。長男が施設に到着すると部屋の窓には鉄格子がある。長男が思わず発した「刑務所みたいじゃないですか」という言葉に対しては、「上から目線は中年ひきこもりの特徴」というナレーションがかぶさる。ひきこもりの人のための施設に鉄格子があるのは異様だし、「刑務所みたい」と思うのはごく当たり前の感想にすぎないと思うが、番組はそれを「上から目線」と決めつけていた。

民放のバラエティー番組でもあり、ある程度の事前の打ち合わせ、シナリオなどがあるのだろうとは思う。だが、15年も部屋にひきこもっていた男性が、いきなり家にやってきた男に説教され、着の身着のまま施設に連れ出されたり、赤の他人に命じられて「家族会議」を聞かされたりする光景は見るに堪えない。そして、その施設に入るためにどのくらいの費用がかかるのかについては一言も触れていない。

繰り返すがこれが放送されたのは2021年1月。前回のバラエティ番組を識者らが批判してから5年も経っている。ひきこもりに苦しむ人を「親に迷惑をかける困った人」であるかのように放送してしまうことに問題はないのだろうか。

東京のキー局に「熱血救済人」として報じられることの宣伝効果も小さくないだろう。

私は19年6月、東京都大田《おおた》区であったKHJ全国ひきこもり家族会連合会の総会を取材したときのことを思い出した。そこではやはりあけぼのばしを利用したことがある母親が壇上に立ち、こんなことを語っていた。

「羽鳥《はとり》さんの番組だから、大丈夫だと思った」

フリーアナウンサーの羽鳥慎一《しんいち》さんが司会を務めるテレビ朝日の朝のワイドショーで紹介されていたので、信頼できる業者と思い、高額な費用を支払ってひきこもりの息子の支援を依頼してしまったというのだ。だが、息子は立ち直るどころか、強引に連れ出されたことへの不信感と、慣れない集団生活へのストレスから、2週間で施設を脱走してきた。

偶然にも、このBSテレ東の番組の放送の二日後、私はB氏に2度目の取材をすることになっていた。

「現実に向き合わせる」とは

２０２１年１月７日。この日も、弁護士事務所の会議室でＢ氏、弁護士と向かい合ってインタビューをした。私は番組のことを話題にした。Ｂ氏がひきこもり当事者と、母親との間に入って、ダイニングテーブルで「話し合い」をさせる場面についてだ。Ｂ氏に促されながら、おとなしそうな中年男性と年老いた母親がカメラの前で「反省会」を開く様は正直、見ていて胸が痛かったと卒直に感想を伝えた。

Ｂ氏の話はこうだ。

「（あれが）第三者が介入するということなんですよ。親が過剰に擁護したり、十何年間親子で向き合って話し合いできずにいたりする訳だから」

「向き合えないことに問題があるんですよ。親が高齢になってお金がないのに、無限にあると思って現実逃避している人間に、現実に向き合わせる作業はしますよ。親だって同じで老後に蓄えておかなければいけないお金を、なんとかなるだろうと息子のために使い込んでいて、現実から目を背けている。

だから、状況を正しく判断して、いろんなリスクを考えて、この先どうやって生きていくか考えさせないといけない。親子共依存が続いているのに、当人たちは異常性をあまり感じていないんですよ。いま『8050問題』っていって、親が定年退職して、不安定になってから危機感を感じているることが多い。だから第三者が間に入って分離しないといけない」

――テレビはもはや弱い物いじめにみえた。ただでさえ弱っている相手に、ぐうの音もでないことを言う。それが支援なんでしょうか。

「精神的に弱っていて、話をするタイミングじゃないというときもある。パチンコやゲームセンターに入り浸っていたらそれをいうケースもある。親の年金で、いつまでも食べていける訳じゃないでしょうといいます。（テレビの場合は）家族の間に入って、交通整理をしながら話してるものです」

入所費用は必要経費

もうひとつ、BSテレ東の番組を観て引っかかっていたことがある。親がB氏にいくら支払ったのか、一切言及されていなかった点だ。裁判に提出された料金表をみると、「入学時寄付金」の下限が50万円で、さらに「入寮時寄付金」の下限が30万円。月々の寮費が12万円で食費が5万円、プラス月々の「サポート費」という項目があってこれは「月3万〜10万円」とある。

ひきこもっている本人を連れ出しにいくための出張費は5万円、その際の車両費は1万5000円、交通費と宿泊費は実費となっている。ここまで計約100万〜120万円はかかる計算だ。

これは番組でも伝えるべき情報だと思う。

B氏はこの金額について尋ねるとこう説明した。

「一般のフリースクールの相場プラス、それだけではやっていけないので、サポート費をいただいている」

この金額は最低限のもので、むしろ良心的だとB氏は言う。

「施設を続けていくのに必要な経費。僕なんかもう2年間給料もらってない。もらってないって記事に書いといてください」

「(経済的な事情から)お金をとっていない家もある。だが、そうした部分についてはいわれない」

こうした発言の真意について「稼がないと人は助けられない。助成金などをあてにするのではなく、(蓄《たくわ》えなどの)余力の中でお金を払えない人を助けるという信念があるのだ」とも話した。

とはいえ支払った費用に見合う結果が出ないまま、入所した本人が脱走した場合、その責任はスクール側にもあるはずだ。だがB氏のこれまでの言い方では脱走した生徒の側に問題があり、今回はその中に扇動役がいたという。

「いまままでよくあるケースは脱走して交番に行く。そこで電話貸してくれといって自宅にかける。その結果、電話を受けた親から僕らに連絡がきて『迎えに行ってください』となる。親から呼ばれて、行って本人と話し合う。でも僕らが拉致して連れ戻すことはない」

「本人が家に帰してくださいって言うから、弁護士が救出をトライしても、親の側からすれば『なに（余計なことを）やってくれてるんだ』ということで帰宅を拒む。結局解決しない。弁護士は脱走までさせて、何がしたかったんですか、となる。本人がそれでハッピーならハッピー。僕らを訴えるにしても、頼んでいるのは自分たちの家族なんだよと。うちの保護者会はこれについて、みなさん正しい認識をもたれている」

かつて多くのメディアに好意的に紹介され、B氏は自分の「支援」に自信を持ったのだと思う。番組側の演出や期待に乗せられてしまった側面もあるのかもしれない。だからメディアの批判は手のひら返しにも思え、到底受け入れられないのだろう。

取材の最後にB氏は、こんな風にいら立ちをはき出した。

「僕らへの批判記事ね。悪いけどあいつら（記者やライター）が書いて出せば出すほど（子どもをスクールに入れたいとの）問い合わせが多くなるんですよ。『先生、いろいろ書かれているけど、スクールを信頼している家族の気持ちはなぜ、書いてないんですか』『強引なやり方と書いてあったんですけど、うちの子どもを強引にでも連れて行ってくれるんですか』といってくる。いたたまれないのは、卒業してまじめになっている人や、スクールを良く思っている人。そういう人からすると、記事は誹謗《ひぼう》中傷にみえる。本人たちは『自分が生き証人だから、取材があれば話しますよ』と。あたかも僕が悪者みたいに書かれることで、心を痛めている人たちには、申し訳ないと思います」

メディアの教訓

ひきこもりの支援施設をメディアが紹介するとき、私たちが教訓にしなければいけない事件がある。２００６年４月、名古屋市北区のひきこもり支援施設で、入寮５日目の男性（当時26歳）が職員からリンチを受けて死亡したアイメンタルスクール事件だ。

当時の朝日新聞の記事によると、男性の死因は職員らによる手錠や鎖を使った拉致、監禁などによる急性腎《じん》不全と分かり、愛知県警は５月、杉浦昌子《すぎうらしょうこ》・ＮＰＯ法人代表理事や職員らを逮捕監禁致死容疑で逮捕。名古屋地裁は12月、「社会復帰寄与の名の下に正当化される余地はまったくない」として、杉浦代表理事に懲役４年の実刑判決を言い渡した（高裁で懲役３年６カ月となり、最高裁で確定）。

杉浦氏は事件前、「熱血カウンセラー」としてテレビに多数出演し、著書も発表していた。
事件当時の愛知県警担当だった朝日新聞の神田《かんだ》大介《だいすけ》記者が、入寮者の死亡から10日後、杉浦元代表らの逮捕前に取材したときの様子をこう書いている。

自称「熱血カウンセラー」の口からは、責任逃れを思わせる言葉が続いた。「(死亡した入寮者は)今まで見た子で一番異常だった」「事件についてマスコミに話しているのは、みな虚言癖のある子」「年々子どもの質が落ちる」……。インタビューは1時間以上に及んだ。

(2006年12月16日　朝日新聞名古屋版)

引き出して、施設に入れて、矯正する——。アイメンタルスクールは現代では考えられない極端すぎる例にもみえるが、それを当時、メディアは持ち上げた。背景にあるのはやはり、ひきこもりが甘えや怠けであるという誤解の根強さで、私たちはまず、ひきこもりとは何かという基本をもっと知ろうとしなければいけないのだろうと思う。
記事や番組で紹介する支援業者や団体の活動が放送上適切かどうかは、行政や地域の家族会に情報を求めるなどし、ある程度の時間をかけてその人々がどんな支援を行っているのかを見極めていくプロセスも必要だと思う。結局取材も「急がば回れ」なのだ。

行政によるたらいまわしといわれる現状に終止符を打ちたいという新たな支援の模索や実践も始まっている。地方都市に点在する、そんな取り組みの現場を訪ねた。

熊本のアパートでひとり亡くなったタカユキさんが、もっと早く適切な支援につながっていたら結果は違っていたはずだ。現場を歩き、話を聞きながら私は、そう思わずにはいられなかった。

第五章　望まれる支援とは

76人に1人がひきこもり

人口約70万人の東京都江戸川区《えどがわ》。2022年6月にあった定例記者会見の席で、斉藤猛《さいとうたけし》区長は、区の福祉部の管理職だった9年前のこんなエピソードを紹介した。

「半年でひきこもりを直す」

そう宣伝し、ひきこもりの子どもに悩む家族と契約すると部屋から暴力的に施設に連れ出し、高額な料金を請求する。施設に行っても具体的な支援などなく、一日中、部屋でビデオをみているだけ――。そんな業者のことが福祉関係者の間で話題になりはじめていたころだった。

「困った業者がありますね」

たまたまひきこもりの子どもの相談に来ていたある父親との雑談の中で、斉藤さんが業者について話すと、父親は即座にこう言ったという。

「いえ、子どものひきこもりが直るなら、50万でも100万でも安いと思います」

斉藤さんはハッとした。父親の言葉はすなわち、ひきこもりに対して福祉が機能していないことを意味する。

「ショックでした。ただ、ひきこもっている方は当然ながら外にでてこないので、ご本人に会うことはなかなかできない。正直、何を、どんな風に支援したらいいかも私たちにも分からなかったんです」

斉藤さんは19年4月、江戸川区の区長になった。そして取り組んだのが、区内に暮らすひきこもりの人たちの実態調査だった。

この年の9月、民生委員や児童委員、地域包括センター職員、そしてこれまでに何らかの福祉サービスを受けるなど、把握されているひきこもりの当事者や家族を対象にアンケートの記入を依頼し、「ご近所や職場、その他周囲でひきこもっている人はいないか」などと尋ねた。この結果、区内で計６８１人の人がひきこもっているらしいことが分かったという。

「こんなに少ないはずはない」

結果を知って、斉藤さんがまず思った感想だ。この年は内閣府が初めて、40歳以上のひきこもりの人が全国に60万人いるという推計を発表した年だ。40歳未満と合わせると１１５万人。これを区の人口70万人で換算すればおよそ1万人という計算になる。斉藤さんは国勢調査のようなアンケート用紙を各戸に配布し、本格的な実態調査をしようと決断した。

21年7月。区は、15歳以上の区民のうち無職だったり、福祉の行政サービスを受けていなかったりする人がいる18万世帯にアンケートの郵送をはじめた。これは区内の全世帯数のおよそ半数にあたる。

「あなたのご家庭で仕事や学校等に行かず、家族以外の人との交流をほとんどしない方はいますか」「その方が現在の状況になって、どのくらい経ちますか」……。質問は22項目。調査ではひきこもりについて「仕事や学校などに行かず、家族以外の人と交流をほとんどしない方」と位置づけた。内閣府の定義ではこれに、「おおむね6カ月以上」という条件がつくのだが、区は「6カ月で区切る必然性はない」と判断したという。

回答がない世帯には職員が一軒ずつ訪問し、調査への協力を依頼した。そして翌22年2月末までに、最終的に約10万3000世帯（57・2％）の回答を得た。

自治体がひきこもりをテーマに本格的な調査をするのは珍しい。ひきこもりの実態調査といえば、秋田県藤里《ふじさと》町の社会福祉協議会が10年に実施した調査が福祉関係者の間ではよく知られている。人口約3200人の町で、18〜55歳のうちの9％弱にあたる113人が「ひきこもっている」という結果に、多くの関係者が驚いた。だが人口70万人という大都市での調査は前例がない。区はこの調査に8000万円の予算をつけた。

22年6月、区は初めて結果を公表した。

回答があった10万余世帯のうち、7919人の家族や当事者が「ひきこもっている」と回答した。区教育委員会が把握している不登校の子どもなど計1113人や、すでに福祉のサービスを受けている当事者と合わせると9096人。約7万7000世帯が未回答だったが、少なくとも区民の76人に1人（約1・3％）がひきこもっているという計算になる。

世代別では40代が1196人（17・1％）で最も多く、50代が1155人（16・6％）、30代が968人（13・9％）と続いた。男女別では女性が3684人（51・4％）で半数を超えた。

また、約9割が家族らと同居していたが、ひきこもっている人は回答者からみて「子ども」が3割以上、「配偶者・パートナー」も2割近くに上った。高齢の親が中年の子どもを経済的に支える「8050問題」だけでなく、働き盛りの世代で配偶者がひきこもる家庭が多いという新たな事実も浮かんできた。

ひきこもりの原因は「長期療養が必要な病気にかかった」の20％に続いて、「職場になじめなかった」が14％、「就職活動がうまくいかなかった」が11％で、仕事をめぐる悩みを抱える人が目立った。

ひきこもりの期間は1〜3年未満が28・7％と最多で、10年以上も25・7％。悩み事では健康や生活資金という回答が目立つ一方、当事者の62％、家族の45％が「（行政や医療機関に）相談したことがない」と回答していた。

「相談したことがない」という回答について江戸川区の担当者は「社会的な誤解や偏見が相談しにくい状況をつくっているのではないか」と指摘した。つまり、ひきこもりは「甘え、怠け」「家庭でなんとかするべき問題だ」という思い込みが世間にも、そして当事者や家族にもあり、相談したり、頼ったりすることを躊躇《ちゅうちょ》させているというのだ。

ひきこもりへの理解を進めるための条例「ひきこもりの状態にある人やその家族等へのサポート推進条例」を制定すべく、準備を進めていることも明らかにした。

調査の結果について斉藤区長は「これでようやく、ひきこもりの方たちの顔がみえてきた」と話した。だが、1万人近くの人たちにどう支援を届けるのか、そしてその方法はあるのか。

「それだけのマンパワーもノウハウも、正直、いまはありません。すべてはこれからだと思う。それに、気になるのは調査に未回答の7万世帯。きっとこちらの側に、より深刻な問題が潜んでいるのではないかと推測しています」

「8050問題」の始まり

ひきこもりや、生活困窮など外側からは見えにくい窮状をいかに把握し、支援につなげていけばいいのか。

このテーマに30年以上取り組み、窓口で待つのではなく、自ら出向く「アウトリーチ」とよばれる支援のあり方を形作ってきたのが大阪府豊中《とよなか》市にある豊中市社会福祉協議会の勝部《かつべ》麗子《れいこ》さんだ。

勝部さんは１９８７年に豊中市社会福祉協議会に入職。２００４年、大阪府が全国で初めて制度化したコミュニティーソーシャルワーカー（ＣＳＷ）になったが、これは勝部さんたちが地域の困りごとに対応するため独自にはじめたアウトリーチの取り組みを、府が追認したものだ。勝部さんは、俳優の深田《ふかだ》恭子《きょうこ》さんが主演した14年のＮＨＫドラマ「サイレント・プア」のモデルにもなり、ドラマの監修も務めた。

「８０５０問題」。この言葉を最初に言いはじめたのも勝部さんだ。13年ごろ、自身の活動の中で「80代の親と50代の子の孤立家庭が目立ってきた」と実感し、80歳で20本の歯を残す「８０２０運動」にかけて、講演などで使い始めた。すると、いつの間にか福祉関係者の間で定着していったのだという。

勝部さんにお会いするため、阪急線豊中駅から歩いて10分の豊中市社会福祉協議会を訪れたのは19年11月。秋風が冷たくなり始めたころだった。一日の活動に同行させてもらうことになった。

トレードマークの社協の紺のジャンパーを着た勝部さんは、社協の支援室長。午前9時のミーティング後に挨拶《あいさつ》を交わし、アウトリーチに向かう勝部さんの後について、一緒に出口に向かった。

そのときだった。小柄な高齢女性がいきなり廊下で目の前に立った。寒い朝なのにコートも羽織らず、サンダル履き。勝部さんの顔を見ると、子どものように泣き出した。

「息子に、殴られたあ……」

あぜんとして見ている私をよそに勝部さんは、その場で黙って女性を抱きしめた。

そしてこの日、朝から外出する予定を変更し、事務所で女性の話を聞くことになった。

女性は80代で、失業した50代の息子と2人暮らし。勝部さんが最初に会ったのは、約1年半前だ。息子の暴力のことで相談があり、約束をして家を訪ねたという。

チャイムを押すと、それまで道路にまで聞こえていた男性の怒鳴り声がすっと消えた。だが、女性は玄関に姿をみせなかったという。後で分かったのだが、社協に相談していることを息子には言えなかったのだ。

ひきこもりや家庭内暴力、生活困窮……。様々な問題を抱えた家庭が社会との接触を拒む、典型的な孤立世帯といえた。

それから数カ月、勝部さんは女性の家に通い続けたという。焦らず、急がず、さり気なく――。やがて女性は、自分から社協にきてくれるようになったのだという。そしてこの日の朝のように自分から「助けて」と言えるようにもなった。

私は別室で待機するように言われた。2時間後、ようやく落ち着いてきた女性を別の担当者に引き継ぎ、外出することになった。社協の車でまずはひきこもり経験者が働く市内の雑貨店を訪ねた。そこは社協が3年前に空き店舗を借り上げてつくった雑貨店で、近くでとれた野菜なども販売している。駅から離れた買い物困難な場所でもあり、近所でも重宝されているのだ、と勝部さんは話した。店員の若い女性は数年前までひきこもっていたというのだが、買い物にくるお年寄りにとても自然に接していた。感じの良い人だと思った。

勝部さんと私はここで昼食用にパンとコーヒーをさっと購入し、急ぎ足で、やはりひきこもり状態の大学生が住んでいるというアパート2軒を回った。勝部さんが大学生のもとに向かう間、私は離れた場所で待っていた。記者などを同行させれば、勝部さんが何年もかけて築いた学生たちとの信頼関係が崩れてしまう。

やがて勝部さんは車に戻ったが、今度は運転中の勝部さんの携帯に、小学校から家庭での児童虐待が疑われる事案について相談が入ってきた。今度は急きょ、そちらに車を走らせる。

夕方、最後に訪れたのは、郊外のニュータウンだった。かつては子どもたちの笑顔であふれただろう公園も、住民たちの高齢化でほとんど人の気配はない。

待っていたのは８０５０世帯の父子だった。父親と母親の年金を主な収入として親子で暮らしていたが、母親が介護施設に入ったことで経済的に厳しくなり、暮らしが行き詰まった。持ち家なので「財産」があるとみなされ、生活保護も受けられない。

玄関先で相手方に勝部さんが説明し、今度は私も同席させてもらえることになった。社協が依頼した司法書士の男性もそこに合流し、勝部さんと一緒に父と息子の生活再建について相談する。移動のときの駆け足とはうって変わり、勝部さんも、司法書士の男性も笑顔でのんびりと話をしている。急にゆったりとした時間が流れ出したように感じた。

タイミングをみて勝部さんが、社協に寄付されたレトルトご飯やカレー、ラーメンの袋を差し出した。

「お料理大変でしょう。よければ、使ってくださいね」

「ありがとう」

緊張がほどけたのか、先ほどからずっと黙っていた80代の父親が、初めて笑顔をみせた。

心に耳を澄ませて

ゴミ屋敷やホームレス、子どもの貧困、認知症のお年寄りのひとり歩き、ひきこもり。様々な困難を抱えながら、既存の制度では支援が難しかった人たちを、近隣の住民と協力しながら手助けするのがコミュニティーソーシャルワーカーと呼ばれる勝部さんの仕事だ。日ごろからの人と人がつながり合うことが人の命を救う――。きっかけは1995年の阪神淡路大震災だという。被災した高齢者の見守り活動が原点となり、勝部さんと社協のスタッフが、住民ボランティアによる支え合いの仕組みを整えてきた。

取り組みは注目を集め、大阪府が2004年、CSWを地域福祉の専門職として初めて制度化。「豊中方式」は全国にも広がっていった。現在、人口40万人の豊中市内に、社協のボランティアは8000人いる。

だが、相手の家庭に出向いてメッセージを伝えるという行為は、繊細な心と高等な技術が求められる。勝部さんの様子をみながら、「全国すべての福祉窓口の職員がこれをやれといわれても難しいだろうな」と正直、思った。

例えば、生活に困窮し、食料品の支援を受ける。これは人の心の最もデリケートな部分に関わることだ。

「食べ物をどうぞ」ではなく、勝部さんは「お料理大変でしょう」と声をかけた。とくに意識はせず、ごく自然に言っていただけかもしれないが、ここはとても大事なところだと私は思った。誰だって「施しを受ける」ことなど望んではいない。でも、言い方ひとつ、言葉遣い、表情、タイミングで、相手の尊厳を傷つけず、気持ちよく受け取ってもらうことができる。

朝、事務所に訪ねてきた女性を「抱きしめる」のも、意表をついていた。でも、不思議なことに、その場にいた私には何の違和感もなかった。そして、この女性と勝部さんとの長い間の関係が、一瞬で理解できた気がした。息子に殴られ、女性は苦しい、切ない。でも、第三者がすぐに解決できることでもない。そんなとき、とっさに全身を抱きしめられることで、女性は安心し、自分を取り戻すことができたのではないか、と思うのだ。

勝部さんによると、アウトリーチでは当然ながら何度訪ねていっても、ドアが開かないことの方が多い。それでも、無理にドアをたたくようなことはしない。

「心配しています」

そんなメッセージを書き添えた名刺を置いては何度でも出直す。

「人が人に心を開くということは簡単な話ではないと思う」

扉の向こうの人たちひとりひとりの心に耳を澄ませ、その人のタイミングを合わせるようにじっと待つ。

それを勝部さんは30年間も続けてきた。

豊中市を訪れてから4カ月後、うれしい知らせがあった、と勝部さんが連絡をくれた。私が訪れた日に訪問した大学4年生の若者の一人が就職を決めたのだという。勝部さんは、その若者と一緒にアパートの部屋でお祝いをしたそうだ。約4年間、部屋にひきこもっていたが、繰り返し通う勝部さんと言葉を交わすようになり半年が過ぎていた。

「はじめは勝部さんのことをあやしいと思っていた。『外になどでてやるものか』と意地になってもいた。でも、何度もきてくれて、ドアの前にカードが置いてあることに気づくと、自分を心配してくれる人がいることがうれしかった。いつのまにか、訪ねてくるのを待つようになった」

学生はそんなことを勝部さんに話したという。

「正しさ」がときに人を追い込む

コロナ禍の不安な空気が日本を襲っていた2020年夏。ふと勝部さんはどうしているだろうか、と思った。人と人とが会うことが禁じられている今、手を取り、顔を合わせて取り組むはずの地域福祉の最前線はどうなっているのか。

9月、再び豊中市を訪ねた。最初の取材から8カ月以上が過ぎていた。そこで勝部さんが話してくれたのが「いままで福祉に無縁だった人が困窮に追い込まれている」という現状だった。

「最近、公園にホームレスが増えている」

勝部さんが地域の民生委員からそんな話を聞いたのは、緊急事態宣言から2カ月ほど経った5月下旬だったという。さっそく、早朝の公園に出向き、野宿をしている人を訪ねて回った。

「僕はホームレスになって間もないので、人目に耐えられず、夜明けとともに公園を出て街を歩いている」

出会った男性の一人は、そう話したという。

「毎月決まってあった収入が突然途絶え、家賃やローンが払えなくなる。普通に生活していた人がストンと社会から落ちてしまう」

勝部さんは、人々から当たり前の暮らしを奪う「コロナ貧困」の現実を目の当たりにした。

そんな勝部さんも、この春先はコロナの感染拡大に戸惑い、無力感さえ感じていた、と明かしてくれた。これまでの見守りや福祉相談など、人と会ってつながるための活動がほぼストップしたからだ。

「会いたくても、会いに行けない……」

だが、あるボランティアの女性にこう言われたという。

「私たちは震災以降25年間、一人も取り残さないために見守りを続けてきた。それはこうして1、2カ月も止めてしまっていい程度のものだったのか」

「それを聞いて『確かにそうやな』とハッとしたんです。なんにもするなと言うのは簡単。でも、何かできることはある」

勝部さんたち社協のスタッフは手始めに、感染症の専門家に監修を依頼し、国の専門家会議が提言する「新しい生活様式」のボランティア編ともいうべきガイドラインを作った。

高齢者へのはがきや電話、テイクアウト方式のこども食堂と、少しずつ活動を再開。「離れていても、つながろう」を合言葉に、ユーチューブで介護予防の動画を配信し、ＬＩＮＥのビデオ通話を使ったお年寄りの交流サロンを開いた。

全国の社協にはこの半年間、減収世帯への無利子貸し付けの申し込みが殺到。豊中市社協でも申請や相談が連日１００件を超え、私が訪れたこのときも、ロビーに増設したブースに順番待ちの人が並んでいたのが印象的だった。

コロナ禍は、勝部さんにとって自分の原点を見つめ直す機会にもなったようだ。

それは「いま目の前で困っているその人を助ける」ということだ。この日も駆け足で街をめぐる勝部さんに同行をお願いしたが、移動の車内でこんなことをポツリと漏らした。

「福祉の窓口で『制度がないからできない』と言われることがある。それはとても正しいけれど、優しくない。正しさは時に人を追い込む。だから私は、優しくありたいのだと思うんです」

人と人がつながりにくい今だからこそ、皆の目がその大切さに向き始めていると感じるとも話してくれた。

「食材の支援を受けたひとり暮らしの大学生が、子どもの学習支援を申し出てくれたり、家にタオルが余っているからと寄付してくれる相談者の方がいたり」

今はとにかくこの困難を乗り越えてほしい。そして次は支える側に回ってくれたらどんなにいいだろう、と。

コロナ禍になって以降、経営者や技術職、芸能関係者やスポーツ選手など、これまで福祉とは無縁だった人たちが社協の窓口に相談に訪れたという。そんな状況に勝部さんは力を込めた。

「厳しい状況の人を見捨てる社会は、いつ自分も見捨てられるか分からない社会。今日のその人が、明日《あした》の私かも知れない。だから、頼ってほしい」

それは明日の自分――。この考え方を忘れてはいけないと思った。

お供えやめて、息子はでてきた

何年も姿を見せない息子。

「それが先日、自ら部屋を出て、親子で食事をしたんです」

60代の母親が静かに話し始めると、長テーブルを囲む他の父母たちが目を潤ませた。

山口県宇部市のひきこもりの支援をするNPO「ふらっとコミュニティ　ひだまり」が毎月開く教室「SDS（ひきこもり・不登校）家族心理教育実践編」を取材させてもらった。ひきこもりの子がいる父母ら10人ほどが集まり、子どもの心理や日頃の接し方を学んでいる。

勝部さんのようなプロフェッショナルは、全国に点在していて、福祉関係者の間では知られた存在になっている。だが、たまたまその地域に住んでいる人はそうしたプロとつながることができるが、そうした幸運なケースはまだ少数だろう。ひとりひとりと時間をかけててぃねいに関わるアウトリーチの手法で、ひとりのプロ職員が対応できるひきこもりの当事者や家族の数にも限界がある。

より一般的に、誰もがまねできるノウハウがどこかにないか。

そんなことを考えているとき、「ふらっとコミュニティ」のことを知った。

教室を訪ねたのは2020年9月。この日報告をした母親は、2年前から教室に通い始めたのだという。教室でのアドバイスに沿って、まずは息子の部屋のドアの前に食事を置く

「お供え」をやめた。食事は家族と同じ台所のテーブルに用意し、「ごはんできたよ」とさりげなく声をかける。部屋から出ている気配に気付いても、普段通りに振る舞う。日々の小遣いはきちんと渡す——。教室で学んだ対応の仕方をひとつひとつ実践するうちに、少しずつ息子の様子が変わってきた、と母親は話してくれた。

ＮＰＯの理事長は、三章でも紹介した山口大大学院教授（保健学）の山根俊恵さんだ。教室でこう伝え続けてきた。

「外に出そう、就労させようと焦るのは逆効果。でも、何もしないでいるとあっという間に10年が経ってしまう。でも、親たちが変わることで必ず家族関係は変化する」

山根さんは精神科の看護師を務めていた。

「行政の窓口や保健所に相談しても、話を聞いて終わり」

「精神科の医師に相談したら、本人を連れてこいと言われた」

ひきこもりの家族に共通する悩みを知り、精神障害者支援の場として運営していたＮＰＯで15年から、ひきこもりの当事者や家族の支援を本格的に始めたという。

親たちはまず、山根さんが講師を務める6回の基礎講習「家族心理教育基礎編」を受け、ひきこもりのメカニズムや「対話」の方法、暴力への対処の仕方などを学ぶ。いじめ、パワハラ、セクハラ、不器用でコミュニケーションが苦手……。ひきこもるきっかけは人それぞれだが、そんな環境に逆らうことも、迎合することもできず心を閉ざしていく人たちは大勢いる。

「でもそれは決して人より劣ることでも、恥ずかしいことでもなく、その人の良さでもあると家族が納得できた時、かける声のトーンも違って響くんですよ」

ドアの向こうで、子はその変化に敏感に気づくという。

「傷ついた心をゆっくりとメンテナンスすることで、次第に心にエネルギーが蓄えられていくのが分かります。そうすると人はどうなるか。自然に外に出たくなるんです」

これまで300人以上の当事者や家族と接してきた、山根さんの確信だ。

基礎講習修了後はグループごとに分かれて毎月集まり、それぞれの状況を報告し合う。長年ひきこもっていた人が回復するにはそれ相応の時間が必要で、道のりは長い。それを共に歩み、支え合う仲間と出会うことも講座の目的のひとつだ。基礎講習はテキスト代を含めて参加費2万5000円。現在は五つのグループで続けられている毎月の集まり（実践編）は年会費5000円でいつでも参加できる。ふらっとコミュニティの事業は宇部市と山陽小野田《さんようおのだ》市の補助も受け、日常的な市民からの相談はすべて無料だという。

高額の費用で親と契約し、当事者を部屋から連れ出して親子間の連絡も禁じる「自立支援業者」のやり方は、「家族との関係性を取り戻すことが回復への第一歩」とする山根さんの考え方とは根本から異なる。

「当人の生きづらさや苦しさの理由も知らないまま、いきなり知らない人が押しかけてきて『このままではいけない』と責めたり、『出てくるように』と声をかけたりするのは支援に逆行している、と私は思います。ハローワーク通いを強い、その時は外に出られたとしても、後々その人がどうなったのかは検証されてもいない。余計に心が傷ついてひきこもるケースもあるのではないでしょうか」

このふらっとコミュニティでも大事なことは、焦らず、急がず。当事者同士が集まり、語り合う会合などで準備を重ね、就学や就労に向けて伴走していく。

「行政などの窓口の多くも、実際は『どうしていいか分からない』というのが本音でしょう。私たちの実践例が、他の福祉関係者の参考になればと願っています」

ひきこもりからの脱出

行政の相談窓口や医療機関をたらい回しにされた揚げ句、たどり着いた先が「引き出し屋」だった――。そんな訴えが各地で相次いでいるのを受けて、KHJ全国ひきこもり家族会連合会も2020年、情報収集のためのプロジェクトチームを作り、民間の支援ビジネスへの法規制などを国に要望している。

家族会によると、訴訟が相次ぎ、社会的な批判が高まる中で、業者側もひきこもりの人を連れ出す際に本人に「同意書」を書かせるなど、手法も複雑、巧妙になってきているという。第二章でも少しふれたが、厚生労働省も被害を訴える20年夏に渡辺さんら家族からヒアリングをするなど、ようやく重い腰を上げた。だが、それっきり動きは見えなくなった。

「厚労省はいまコロナでそれどころではないのかもね」

日比谷公園のカフェでテーブルを囲みながら、渡辺さん、哲二さんたちはそんなことを言い合っていたが、実際の理由はよく分からない。


「引き出し」の何が問題なのか。そして本当に求めたい支援とは何なのか。自らの経験をもとにそんなことを分かりやすく語ってくれたのが神奈川県の会社員藤原秀博《ふじわらひでひろ》さんだ。

藤原さんは今は警備会社に勤めながら、ひきこもり問題を扱うカウンセラーとして活動している。

「かつての自分に励ましやヒントを送りたい」と18年、『現代引きこもり生活学のすゝめ～覚醒《かくせい》の十二章～』（日本デジタル出版協会）も出版した。

藤原さんと最初に出会ったのは19年の初夏、前にも紹介したひきこもり当事者や元当事者が集まるバーでのことだった。

藤原さんは、中学時代にいじめや集団暴行を受けたことがきっかけで不登校になった。1年遅れで進学した高校もなかなか通えず、20代半ばごろまで断続的にひきこもり状態を繰り返した。

「家族からみれば、部屋から出てこないし、何を考えているかも分からなかったと思う。でも本人にとってはひきこもることこそが解決策だった。波におぼれそうな自分が、浮石につかまって体を支えている感じです」

藤原さんがそう話してくれたとき、初めて、ほんの少しだが、ひきこもっている人の心の風景を垣間見た気がした。

波におぼれそうで、浮石につかまって体を支えている――想像するだけで息苦しくなってくる。これは「怠けている」「甘えている」といった世間一般のひきこもり像とはあまりにもかけ離れた実態だ。

本格的にインタビューをお願いしたいと神奈川県横須賀《よこすか》市を訪ねたのは21年1月。そのとき藤原さんは「自立支援業者から受けた被害を耳にするたびに胸が痛む」と話してくれた。

「弱り切っていたあの時期にひきこもっていること自体を他人に責められたら、きっと自分も完全に心がつぶれてしまっていただろうと思うんです」

藤原さんはスリムな体形で、長髪が似合う男性なのだが、「ひきこもっていたときは体重がいまの倍近い128キロもあったんですよ」と聞いて驚いた。

「でも、128キロになるまで、とことんまでひきこもったから『このままではいけない』と自分で気づくことができたんです」

いったん、とことんまでひきこもること。藤原さんにとってはそのプロセスが大切だったというのだ。依存症の患者が「もうどうにもならない」「限界まできた」と感じる「底付き体験」に近い感覚かもしれない。

それからは部屋の掃除やストレッチ、瞑想《めいそう》など、浮石につかまりながら少しずつ泳ぎ方を覚えるように行動範囲を広げていった。やがて同じ悩みを持つ当事者たちの集まりにも出かけられるようになり、社会との接点を取り戻していったという。

だが、それも一進一退だった。

「少しずつ自分の特性を知り、人に会う機会が少ない警備の仕事を選んで続けながら、苦しさを解放するコツを身につけていったんです。あの頃もし、当事者の心のスピードに寄り添ってくれる適切な支援に出会っていれば、もっと道は早かったかもしれないけれど」

山根さんのふらっとコミュニティーについての話題になったとき、藤原さんはそう言った。山根さんと直接の面識はないようだった。

ひきこもり。その言葉に親たちは正体の知れない恐れを抱くのだ、と藤原さんは話した。

「そんな親の不安につけ込むのが引き出し屋。つまりは不安ビジネスだと思う。でも不安ばかりを膨らませる前に考えてほしい。今はひきこもっていても、その人だけのかけがえのない人生を生きている。その人の苦しみの理由に関心も抱かず、ひきこもりのことなどよく知ろうともしない業者に、法外なお金をとられ、上から目線で自分や大切な家族の人生を否定されるいわれはないはずです」

ひきこもりが終わるとき

不登校とひきこもりの経験者で、神奈川県藤沢《ふじさわ》市内で当事者や家族への支援を展開しているヒューマン・スタジオ代表の丸山康彦《まるやまやすひこ》さんという男性がいる。2020年7月、丸山さんのセミナーに藤原さんが講師として登場すると聞き、参加させてもらい、その後もお会いして意見を伺ったり、電話で取材させていただいたりした。

その丸山さんの著書『不登校・ひきこもりが終わるとき　体験者が当事者と家族に語る、理解と対応の道しるべ』(ライフサポート社)の中に、こんな印象的な場面があった。

高校時代、不登校だった丸山さんは、担任教諭と交換ノートを始めた。「不登校をなんとかしなければ」「このままでは進級できない」。焦れば焦るほど学校へ行けなくなる丸山さんに対し、担任はノートでこんな言葉を贈った。

今、目の前にある大きな石が、依然として動かないので、話の全てがそこに行ってしまって、その石から少し見る眼を変える、ということは今の君には無理かもしれないけれど〝人間として自分をどう豊かにするのか、どう向上させるのか〟ということを受け取ってほしかったのです。

〝自分は何をやっても生きていけるんだ〟という、生活者としての自信を持つためにも、いろいろなことを経験して、視野を広げてゆくことが大切なのだ、ということです。

この担任が丸山さんに伝えたかったのは、人は困ったことが起きると、それを取り除くことに意識が集中してしまう、ということ。そして、それ以外のことに価値を認められなくなってしまう。だが、いったん視野を広げていくと、それまで見えていなかった事柄が見えてくる、とのアドバイスだ。

丸山さんは本の中でこう述べている。

そうしてみえてくるのは、〝自分が今できること〟や〝自分がいまやりたいこと〟でしょう。

そういうプロセスから〝自分の生き方〟を考える余裕が生まれ、〝願望と実行の間〟も埋まりはじめると思うのです。


丸山さんは、一進一退を繰り返しながらも自身が不登校やひきこもりから回復できた理由について、「不登校もひきこもりも、（自身の）気持ちが熟成したから終わった」と書く。「その前に望まない支援を受けなくてよかった」とも。さらに自身が行っている日々の相談業務のなかで「『早く学校／社会に戻りたい』と言いながら、その裏には『自分の意思が固まるまでは支援してほしくない』という気持ちが潜んでいる当事者が多い、という印象を受けている」とも記している。

「無理なプロセスは、あとでもっと深刻な事態を引き起こす可能性をはらんでいます」

「支援を押しつけないでほしい」との思いは、やはりひきこもりの経験者で、警備会社で働きながらカウンセラーとしても活動する藤原秀博さんも取材の際に語ってくれた。

「厳しくされるのが嫌だと言っているんじゃないんです。押しつけられたくない。むしろ僕自身、ひきこもっているときに、ドラゴンボールの悟空のように、亀仙人のもとで修行をしたい、と思っていたくらいなんですから」

藤原さんがいうのは、武術の達人のもとで技を磨く人気漫画の主人公の話だ。つまり、ひきこもっているときの藤原さんは、小さな部屋の中にじっと身を潜めながら、むしろ自分を厳しく鍛え、強くなりたい、賢くなりたい、と願っていたという。そして、ひきこもりながら、ひそかにそんなことを考えている人は決して少なくないはずだ、と話した。

引き出しの何が問題か

ひきこもり研究の第一人者で、引き出し業者からの脱出支援などにも取り組んできた精神科医で筑波大教授の斎藤環さんに話をうかがうことにした。斎藤さんについては第三章、第四章でも紹介した。

斎藤さんは1961年岩手県生まれ。思春期・青年期の精神病理学が専門で、その著書がベストセラーになったことで、「ひきこもり」という言葉が広く一般に広まったとも言われている。

「身体の自由を奪う契約を、本人の同意なく親と業者が結ぶのは重大な人権侵害」——早くからこうした「支援ビジネス」のあり方に警鐘を鳴らしてきた。

斎藤さんには、私が取材したタカユキさんの事例をどうみるのかについても聞いてみたいと思っていた。

インタビューは20年6月。筑波大学内の斎藤さんの研究室で行った。

——引き出し業者のどんな点が問題だと考えますか。

「ひきこもりの支援は年単位の息の長い関わりが必要です。本人の状態も知らずに『半年で自立させる』など非常識だし、親の同意をたてに部屋に立ち入り、長時間にわたって『説得』するのはもはや暴力と言え、支援ではありません。

ひきこもっている本人のもとに繰り返し訪問するというならまだしも、こうした民間ビジネスの特徴は、本人には何も知らせずに、たった1度の訪問で連れ出す点です。これは当事者からみればどうしても暴力になる。

連れ出された本人は宿泊型の施設に入り、集団生活を強いられます。中には、そんなスパルタ式が自分にはよかった、合っていたという人もいるかもしれない。でも、仮にそうした『ショック療法』が効く人がいたとしても、それは『たまたま』であって、一般化することはできません。何より失敗した場合には本人にはトラウマが残り、その恨みから家族関係は修復困難になります。

親が契約したからといって、成人である本人の自由や意思、権利を制限するのは人権侵害です。たとえ直接の暴力を行使していないとしても、『説得』『指導』で強引に言うことをきかせる行為を、私は暴力と呼んでいます」

――（タカユキさんのケースについて説明した上で）いったんは就職までしたのに再びひきこもり、衰弱死してしまう。こうした事例についてどう思いますか。

「20年間のひきこもりを経て支援業者の施設に入り、就職もしたものの、その後アパートで孤独死してしまった……痛ましい話ですね。

男性が施設に入ってすぐにハローワークに通っていた、そうした外形だけをみて、『（支援が）うまくいっている』と考えるのは間違いです。ひきこもる人には、まじめで優しく、強く言われると断れない性格の人が多い。ハローワークに『通え』と言われ、それをしなければ施設を抜けられないと思えば素直に従ってしまう。でも、本人は相当に無理をしている。

そもそも長期に及ぶひきこもりの暮らしで体力も弱り、社会性も落ちている。そこに職探しや仕事、それに伴う人間関係という強いストレスがダブルパンチ、トリプルパンチで襲う。社会のブランクが長い人にそれに耐えろというのは無理な要求です。

本人が就労意欲を示していたとしても、まずは同世代の仲間と徐々に交わるなど、ステップを踏む必要がある。そこをいきなり、職探し、就労というのはすごく乱暴なことをしている。この男性はそれでも何カ月も職場に通い続けた。相当な無理をし、精も根も尽き果ててしまったと考えるのが自然ではないでしょうか」

――就職できたからそれでOKとはいえないと。

「もちろん、20年間ひきこもったとしてもすぐに働ける人だっています。でも普通は本人の状態をみながら段階的にストレスに慣らしていきます。まずは通勤、人間関係、そして就労。体力をつけながら負荷をひとつひとつ増やしていけば、十分に対応できる人は多い。

就労後も、就労支援のスタッフがフォローアップをしなければいけない。定期的に訪問し、メールやLINEで連絡を取り合う。ひきこもり経験者には、1回就労しても苦しくて続かないことがある。その時『自分はダメだ』と絶望してしまうことも少なくない。『もう働くのは無理だ』と根拠なく思い込んでしまうんです。

ひきこもっていた人が就労するとき、それが一番難しいところで、本来はそこで伴走者である支援スタッフの力量が問われる。仕事を辞めたり、休んだりする本人を叱ったり説教したりするのは間違っているし、当然ながら親や家族ともきちんと連携していなければなりません」

――こうした業者に頼ってしまう背景には、公的な支援体制が不十分なためだとの指摘もあります。

「100万人以上存在するひきこもりの支援は、一義的には行政としてやるべきことだと思います。当事者の居場所などを提供するグループホーム型の支援も、本来は公的にやるべきで、それが無理ならせめて助成金を出すなどすべきでしょう。そして、少なくとも宿泊型の施設は認可制にして、定期的にチェックを受けるようにしてほしい。グループホームはしっかりと運営していけば有効なことは間違いないのですが、営利のビジネスが中心ではトラブルを生むと思います。

それと、警察など司法にももう少し、この問題に敏感になってほしい。監禁から逃げて警察署に駆け込んだ人が、施設に連れ戻されるのは問題です。『親が契約している』という一言で、警察は介入に二の足を踏むのでしょうが、成人の自由や意思、権利が侵害されているのです。そもそも本人の意思に反して行動制限をするのは監禁罪に相当します。ひきこもりはただの甘えであるといった偏見や、『親の決めたことには従え』といった風潮がいまだに世の中にあることも影響していると思います」

――「引き出しビジネス」はなくならないと思いますか。

「2019年末、『あけぼのばし自立研修センター』の運営会社『クリアアンサー』が破産しました。グーグルなどで（支援業者を）検索すれば常に上位に名前が挙がり、パンフレットも大変豪華なものでした。

相当な利益があったと思われますが、事業をやめました。でも同じような施設はいくつもあるし、似たようなものが形を変えてまた出てくるだろうと、多くの関係者が予測しています。

そうした業者が、不安な親たちに口にする言葉が『行政は解決策を与えてくれない』です。でもそれはある程度あたっている。『われわれが解決する』といううたい文句に親たちが負けてしまう。

ＫＨＪ全国ひきこもり家族会連合会など、当事者団体がこうしたビジネスを問題視するようになり、当事者同士のネットワークに情報が回るようになっているので、こうした業者もかつてよりやりにくくなっているとは思います。

でも、やはり公的な支援機関や窓口がしっかりしなければいけないし、適切な支援のノウハウが全国の相談機関や窓口に広がり、そこに携わるスタッフを質、量ともに充実させていくことが重要です。

行政は、地元にどういう団体があるのかを把握して、きちんと情報提供してほしい。ひきこもりの子どものためを思い、悩み苦しんだ果てに頼った先が問題のある業者で、さらに本人や家族が深い苦しみを味わうようなことが繰り返されてはなりません」

たとえ物理的に身体に触れていなくても、「説得」「指導」で強引に言うことをきかせる行為は暴力で、それは拒否しなければならない。そして、部屋から引き出され、どこかで働き始めたとしても、「うまくいっている」と考えるのは早計だという。その多くは「ただ無理をしている」にすぎず、無理は続かない。あとで大きな反動がくる恐れもある――。

勝部さんや山根さんの姿を取材し、当事者や家族の気持ちに気づき、苦悩を理解し、行動する「支援」という仕事の奥深さを思った。そして斎藤さんの話を伺い、「素人考え」で行う支援の恐さを思うとともに、やるせなさが募った。適切な支援の常識がもっとひろく知られていれば、奈美さんも哲二さんもこれほど苦しまずに済んだ。熊本で亡くなったタカユキさんもいまごろ、生きて、まったく別の人生を歩んでいたかもしれない。

第六章　思い出

人が集まる「家」

さまざまな取材を踏まえ、改めてタカユキさんのことを考えてみたい。熊本の施設に入り、自立に向けて歩み出したはずが、アパートでひとり亡くなっているのがみつかった男性だ。

タカユキさんが自衛隊を退官し、地元の民間会社に勤めてから、自宅を出るまで30年近く暮らした埼玉県の自宅は、駅から歩いて20分ほどの住宅街にあった。買い物にも通勤にも便利な場所だったという。

「本当によく、人が訪ねてくる家でした」

母の渡辺さんは言った。

父の仕事の都合で引っ越しが多く、ようやく構えた我が家。その前は栃木県で暮らし、タカユキさんは地元の高校に通っていたが、特に仲が良かった友人2人はそのころからよく家に泊まりに来た。そのときは妹のアキさんも一緒に遊んだ。皆でご飯を食べ、風呂に入り、タカユキさんの部屋でふとんを並べて眠る。

「兄はいつもにこにこ笑っていて、やさしかったですね。せっかく友達同士でいるのに小さな妹にまとわりつかれて鬱陶《うっとう》しいと思う人もいると思うけど、『あっちに行っていろ』などと言われたこともない。兄のお友達が遊びにくるのは子どもも心にもうれしかったです」

アキさんが振り返った。

ったという。

タカユキさんのあだ名は「隊長」だった。当時、あるベテラン俳優が探検隊の隊長となって世界の秘境をめぐるバラエティー番組が人気で、いつしか皆から隊長と呼ばれるようになったという。

タカユキさんが会社を辞めてひきこもり始めたとき、この友人たちが埼玉の家にも心配して訪ねてきてくれた。やがてタカユキさんは部屋から出てこなくなり、友人らに顔をみせなくなったが、渡辺さんと友人たちとの関係はずっと続いていた。

19年4月、タカユキさんが亡くなったときにも集まってくれた。この3年、毎年、お参りにもきてくれる。いまでもタカユキさんを「隊長」と呼び、渡辺さんを囲んで思い出話をする。

「あけぼのばし自立研修センター」に入所させる費用を工面するため、売却した埼玉の家は、友人たちにとっても思い出のある場所だったようだ。

その家を建てたとき、渡辺さん夫婦は40代だった。渡辺さんの夫は「洗面所が暗い家は嫌だよね」といって、天井に明かり取りの窓を付けるよう工務店に注文していた。明るい洗面所は遊びに来た近所の人たちにも評判だった。壁に珍しい仕掛けがあり、いくつかある穴に掃除機のホースを差すと、自動的にごみが吸引され、壁の中を通って一カ所に集められる。

そんな最新の設備も導入していた。その前に暮らしていた借家で、せっかちな渡辺さんは掃除機を急いで動かしては、本体を部屋や廊下の曲がり角にゴッゴッとぶつけていた。見かねた夫が、渡辺さんが楽に掃除機をかけられるようにと、取り付けてくれたというのだ。

「日曜大工も得意で、棚なんか取り付けるのも上手でしたね」

とても優しい夫で、タカユキさんはきっと、夫に似たのだと思う、と渡辺さんは話した。

思い出が詰まった家は、いずれ長男のタカユキさんの名義にするつもりだった。

あけぼのばしとの契約を決めたとき、渡辺さんは2階のタカユキさんの部屋に入り、こう声をかけた。

「この家を売ろうと思うんだけど、タカユキ、いい？」

理由は言わなかった。

「いいよ」

このとき、タカユキさんがどんな思いでいたのか。それを考える度に、激しい後悔と自責の念が渡辺さんを襲う。

家を売らなければいけないのは、我が家にお金がないから。その理由は、自分が働かずに家にいるから。自分のせいで申し訳ない……。

息子はきっとそう思っていたに違いない。だとしたら自分は、なんて残酷なことを言ったのか。そうして自宅を売却し、工面した費用で、タカユキさんを業者に託した。その結果、タカユキさんは帰らぬ人となった。渡辺さんは仏壇の前に毎日座り、謝り続けることしかできない。

部屋にひきこもっていた20年間、あの家だけがタカユキさんにとって唯一、安全で安心できる居場所だった。

タカユキさんは渡辺さんが仕事にでている間、掃除や洗濯もよくやってくれていたという。そんな話を聞きながら私は、きっとタカユキさんはこの家に、もう少し長くいたいと願っていたのではないか、と想像した。

「今、自分はひきこもりの状態だが、母の負担を減らしたい。そしてもうしばらく、いつか自分が回復するまでこの家にいさせてほしい……」

そんな切ない思いを抱えながら、家事をこなしていたように思えてならない。

自分で幕を引いた

「そうだな。一言で言うと、まっすぐな奴だね」

栃木県南部の町のレストランで、松田光さん（仮名）が懐かしそうにタカユキさんの思い出を語る。隣に座る宮本常夫さん（仮名）が小さくうなずく。

2人は高校時代の友人で、一家が栃木から埼玉に引っ越した後も、たびたびタカユキさんの家に泊まりにきては、家族と一緒に食卓を囲んだという。タカユキさんが27歳でひきこもってしまった後も訪ねていた。死の知らせを聞いて、まっさきに渡辺さんのもとに駆けつけたのも2人だった。

私は以前から渡辺さんに2人のことを聞いていた。タカユキさんのことをもっと知りたいと思い、「2人にお会いできないか」と頼むと、すぐに連絡を取ってくれた。2022年9月、待ち合わせ場所に指定された東北自動車道のインターに近いレストランに着くと、駐車場に並んで立つ2人の姿があった。

がっしりした体形で声が太く、一見コワモテの松田さんと、やせ形で笑顔の優しい宮本さん。2人はいまでもタカユキさんのことを隊長と呼んでいた。

別々の中学から地元の県立高校に進み、出会った3人。なんとなく馬が合い、気づけば一緒にいることが多くなった。

「(タカユキさんは)一緒の中学の連中から『隊長』と呼ばれていて、それで俺らも隊長、隊長と。そういえば隊長以外の呼び方したことないな」(松田さん)

3人とも勉強はそこそこ。タカユキさんが一時期、自らサッカーサークルを立ち上げ、

「緩く活動していた」（宮本さん）こともあったが、それ以外は互いの部屋で一緒に好きなアイドルのレコードを聞いたり、アーノルド・シュワルツェネッガー主演のアクション映画を見に行ったり……。１９８０年代、どこの地方都市にでもいそうなのんびりとした高校生だったという。

タカユキさんの「まっすぐな性格」を表すエピソードを松本さんがいくつか紹介してくれた。その一つが、タカユキさんが高校2年のとき、英語担当の女性教師に片想いをしたという話だった。

「ほんわかした感じの先生で、隊長のタイプだった。大人になってからも隊長の好きなタイプはあまり変わらなくて、大塚《おおつか》寧々《ねね》さんとかが好きだったね」

ある日の休日、タカユキさんが、「きょう先生の家に遊びに行く」と言い出した。

「えっ、いきなり行くの」

松田さんが驚いていると、「おまえも一緒につきあってくれ」。気づけば各駅停車の電車に乗って、先生の自宅に向かっていた。最寄り駅につくと、タカユキさんは松田さんに「ちょっと先生の家に電話してみてくれ」と頼んだという。

何で俺が……。そう思いながら松田さんは公衆電話から先生の自宅に電話をかけた。

「タカユキくんがいまから遊びにいきたいと言っています」

先生には「きょうは都合が悪い」とあっさりと断られたという。

「次の日、別の男の先生に『松田、おまえきのう○○先生に電話かけただろう』って、からかわれて。もう職員室で話題になっていたんですよ」

松田さんが懐かしそうに話す。

「俺は電話のときに『タカユキくんが』というところに力を込めてたんですけどね」

「大人になってからも、隊長は好きな女性ができると、あれこれ悩まずにすぐに告白する。

『俺が守ってやんなきゃ』なんていう一本気なところもあって。なんだか女性の話ばかりで恐縮だけど」

とにかく、思い立つとすぐに行動するのがタカユキさんだった、と松田さんは言う。

「人を信じる力があるんだね。相手に好意を伝えて断られたらかっこわるいとか、変に思われたらどうしようとか、余計なことは考えない。まっすぐないい男だったと思う」

「おばさん（渡辺さん）とも仲良かったと思うよ。当時はだいたい親に反抗したり、生意気なことを言ったりする年代だけど、隊長にはそうした記憶はない。俺たちも泊まりに行けば隊長の家族とみんなでご飯を食べたしね」

3人とも渡辺さんがチーズを豚肉で挟んで油で揚げる「はさみ揚げ」が好きで、食べ盛りだから何枚でも食べた。

「おじさん（タカユキさんの父）もなかなか粋な人で、遊びに行くと『おうっ』なんて言って、車なんか洗っている。就職活動の時期になると『うちの会社にこないか』と声をかけてくれたりした」

2人の記憶では、高校3年のときにタカユキさんは市内であった自衛隊の説明会に行ったという。はじめは興味本位だったが、そこで話を聞くうちに本気であこがれるようになったようだ。卒業後、宮本さんは横浜の会社に就職し、横須賀基地にいたタカユキさんとは週末にときどき会っていたという。バーで静かに酒を飲み、何時間でも一緒にいた。

タカユキさんは21歳のとき自衛隊を3年の任期満了で除隊し、埼玉の工作機械メーカーに就職。5年ほど経った頃、小さな異変が起きた。

松田さんと久しぶりに会って話をしていると、タカユキさんが「会社ではいつもひとりで昼飯を食べているんだ」と話したという。

新しい上司とうまくいかず、会社に居場所がないという話だったが、「そのときはそれほど深刻とは思わなかった」と松田さんは言う。

「もともと愚痴を言ったり、弱音をはいたりすることがめったにない男だった。いま思えば、俺が思っているよりもずっと大変な状況で、それをひとりでため込んでいたんだろうね」

しばらくして、タカユキさんから「会社を辞めた」という連絡があったという。辞めてひと月くらい経ったころだろうか。職場の後輩たちがタカユキさんの送別会を開いてくれることになった。

「隊長が『嫌だな。行きたくないな』と言って、『おまえも一緒に来てくれ』と。よその会社の送別会なんて、いいのかなと思いながらなぜか俺もついていったんです」

松田さんが会場の居酒屋に行くと、7、8人の後輩が集まっていて、皆、タカユキさんとの再会を喜んでいるようにみえたという。

「みんなに話しかけられて、隊長はいつも通り、自分からはあまり話さずににこにこ笑っていた。ああ、後輩たちには慕われてたんだな、と思ってほっとしたのを覚えている」

その後も、タカユキさんとはときどき自宅で会っていたという。一緒に地元のハローワークに行ったこともある。しだいにタカユキさんはあまり家からでなくなった。

「でも、家に行けば『おうっ』とか言って、いつも通りの隊長だった」

いつもたわいもない会話をしては、タカユキさんの部屋の前で「じゃあな」と別れた。ちょっとずつ太ってきていたのが気にはなったが、「隊長のことだから、そのうちきちんとしたいい仕事につくだろう」と思っていた。

やがて、いつものように家に行ってもタカユキさんが会わなくなった。それからの20年の間に、松田さんと宮本さんは転職も結婚も、離婚も経験した。渡辺さんとはこの間も、たまに電話で話すなど交流が続いてきた。

タカユキさんが熊本に行く、という話は渡辺さんから聞いた。

渡辺さんは、タカユキさんがひきこもりの自立支援施設に行っていることをこの2人にだけは話していた。

施設側から「直接連絡を取り合ってはいけない」と言われているという話も松田さんと宮本さんは聞いていた。「電話の代わりにときどき手紙を書いている」と聞き、それなら俺たちもと2人で手紙を書いたのが、18年秋。渡辺さんが、すでにタカユキさんが介護の仕事をやめていることも知らず、あけぼのばしのサポートを受けながら元気にやっているだろう、と思い込んでいたころのことだ。

2人の手紙は亡くなったタカユキさんの部屋に残されていて、後に私はそれを渡辺さんにみせてもらった。深刻なことは何も書かず、タカユキさんを励ましもせず、ただそれぞれの近況を淡々と伝え、「きっとまた会おう」と締めくくられていた。温かい手紙だと思った。

あけぼのばしから渡辺さんに送られていた日誌では、就職が決まらないことにタカユキさんが焦り、ひとりで泣く様子が書かれている。

そのことについて尋ねてみると、2人とも、タカユキさんが泣く姿を想像できない、と口をそろえた。

「昔から我慢強いところがある奴で、本当に俺たちにすら他人の文句や悪口も言わなかったんです」

「20年もひきこもり、それだけ追い詰められていたんだと思う」

松田さんが続けた。

「俺たちは例えば上司に怒られたとしても、聞いているフリだけしているようないい加減なところもある。でも、隊長はなんでもまっすぐに受け止めてしまう。支援業者に『就職しろ』と言われれば、手を抜かずに頑張り通すと思う。人に弱音をはくのも苦手だったから、最後の方は本当に疲れ切ってしまったのかもしれないね」

働かなければと思うのに、心も体もいうことをきかない。家も売却され、渡辺さんのもとに帰ることもできない。

「おばさんから隊長の最期の様子を聞いたとき俺は、もしかしたら隊長は、自分で自分の幕をひいてしまったのかなと思ったんです」

もう誰の世話にもなりたくない――。タカユキさんがそう考えていたのでは、というのが松田さんの想像だった。部屋でひとり食べ物もとらず、誰かに助けを求めることもせず。ただ自然に身を任せるようにして、そっとこの世から消えようとした。

松田さんも宮本さんも、あのころ想像もしていなかった親友の最期だった。

第七章　裁判　それぞれの戦い

裁判ができる

日比谷公園内の「スポーツステーション&カフェ」で若者たちと接するようになった渡辺さんには、いろいろと気づかされることも多かった。不意打ちで部屋を訪れて、施設に連れ出そうとする業者のスタッフに対し、彼らがかなり激しく抵抗したことを知り、渡辺さんは驚いていた。現に奈美さんは7時間も部屋を動かなかったし、哲二さんは「こんな行為が許されるのか」「この行為の法的根拠を示せ」などと猛然と食ってかかっている。

一方、息子のタカユキさんは何も言わず、肩を落としながらスタッフの後について家を出て行った。

家を売る相談をしたあのとき、もし、タカユキさんが「嫌だ」と言ってくれていたら。業者が連れ出しにきたとき、奈美さんや哲二さんのように抵抗してくれていたら……。

身勝手な考えだと思いながら、ふとそんなことを思ってしまう。ある日の公園からの帰り道、そう言って、渡辺さんが涙ぐんだ。もし息子が嫌がるそぶりをみせていたら、無理に行かせることなどなかったと思うし、そこで自分も目が覚めて、息子に「ごめん。私が間違っていた」と謝っていたのではないか——と。

だが、それを何千回、何万回と考え、悔やんでも、タカユキさんは戻ってこない。

2019年4月にタカユキさんの死の知らせを受けて以降、事実を明らかにしたいと弁護士に相談し、ついに裁判を決意した渡辺さんだったが、19年12月にはあけぼのばしが破産し、訴える相手がなくなった。

20年9月。あけぼのばし自立研修センターを運営していた株式会社クリアアンサーの3回目の債権者集会が、東京簡裁であった。その帰り道、渡辺さんは、JR四ツ谷駅から徒歩10分ほどの場所にある望月宣武弁護士の事務所に向かっていた。

哲二さんに続いて、千葉の奈美さんもクリアアンサーを相手に民事裁判を起こしていた。奈美さんの裁判を担当していたのが望月宣武弁護士だ。クリアアンサーの破産で哲二さんの裁判は中断していたが、望月弁護士は法人のクリアアンサーだけでなく、連れ出しに来た従業員2人も被告に加えていた。このため、元従業員を相手にした奈美さんの裁判は継続していた。

「望月弁護士に相談してみてはどうか」

日比谷公園に集まる仲間からの提案もあったようだ。

「裁判をできるかどうかだけでも聞いてみようか」

渡辺さんは、いわゆるセカンドオピニオンを望月弁護士に求めることにした。

望月弁護士が着目したのは、熊本でのタカユキさんが介護施設に就職してたった2か月で

「卒業」となり、その半年後に仕事を辞め、再びひきこもったとみられる点だった。

「まだ生活力が十分についていない中で、あけぼのばし側がタカユキさんを放置したといっても過言ではない。刑法でいえば保護責任者遺棄に該当する」

望月弁護士はこう話したという。破産したあけぼのばしから研修生を受け入れていた地元業者、そして、タカユキさんを担当した元職員2人を個人として訴えることも可能だという結論だった。


11月、望月弁護士による訴状案ができあがり、渡辺さんのもとに郵送されてきた。生まれて初めてみる「訴状」だ。

原告は渡辺さんと娘のアキさん。請求金額は約5000万円。これまでの裁判と比べてもケタひとつ大きな金額だった。このうち2500万円が死亡慰謝料、渡辺さんたちへの慰謝料が600万円。この他、タカユキさんが老人福祉施設で働き続けたと仮定しての逸失利益1450万円などが加わった。

請求額が大きいため印紙代だけでも高額になるが、どうにか着手金を工面した。

80歳を過ぎ、すべて初めての経験ばかりだったが、渡辺さんは戦う決意を固めていた。

連れ出しの際の暴力（強引な説得もこれに含まれる）、施設での監禁、さらに施設で提供する自立支援のためのサービスが金額に見合わないという暴利行為、契約違反──。これまでの引き出し屋をめぐる裁判の論点はこういったところだった。今回はこれらとはやや性格が異なる。

望月弁護士は訴状にこう書いた。

「被告は自立支援業者として、長年のひきこもりで社会的な生活能力や心身が著しく弱まっているタカユキさんを母親の保護状態から敢《あ》えて引き離し、自らの施設等に入れ、母親から高額な金員を自立支援プログラムの対価として受けとった。当然ながら、自立支援プログラムの提供期間の終了時には、業務委託契約の信義則上の付帯義務として、タカユキさんを母親に引き渡すか、福祉行政に紹介するなどして、タカユキさんの生命身体の安全を確保する義務を負う」

つまり、こうした義務を業者側が果たさなければ、まだ心身ともに不安定なタカユキさんが、親族、行政、第三者のいずれからも支援を受けられない状態で放置されることになり、自らの安全を守ることができず、心身の健康が悪化したり、生命に危険が及ぶことになる、という主張だ。

そして、こうした措置をとらないことは「違法な遺棄にあたる」と指摘した。さらに、業者側は、放置されればタカユキさんの身に危険が及ぶことは「十分に予見できた」とし、こう厳しく非難した。

「母親の監護状態から引き離して連れ出しながら、最終的には遺棄し、死亡するに至らしめた」

「真冬の山道に弱者を置き去りにするに等しく、違法な遺棄である」

21年3月の初公判。被告となったあけぼのばしの元従業員2人と業者（あけぼのばしの提携先だった熊本の施設）は、請求の棄却を求める答弁書を提出し、争う姿勢を示した。裁判に提出した書面などで元従業員2人は「（あけぼのばしは、タカユキさんを）支援する義務はあったが、自活能力を獲得させる義務があったわけではない」と反論。従業員の自分たちが、なぜ個人として責任を負うことになるのかも分からない、とも述べた。

地元業者側も「（タカユキさんは）自立心も旺盛で、介護施設就労するなど順調に社会復帰をしていた」として、生命身体の安全が確保されない状態になることなど予見できなかったと主張。社長のW氏は後に電話での取材に応じ「あけぼのばしは、まったく別の会社で、自分たちは契約に関わっていないし、いくらの金額だったのかも知らない」と強調した。

20年ひきこもっていたタカユキさんが福祉につながれることもなく放置された、とする主張についてはこう話した。

「これまでいろいろな方を支援し、障害者施設や医療につなげてきた。だがあのタカユキさんをみたら、要支援者ということ自体が失礼だと思っている。（タカユキさんを）見ていない人たちには分からない。あの頑張りと笑顔。（だから亡くなったと聞いたときは）なんで、ええ、ありえないでしょというのが本当（の気持ち）でした」

渡辺さんは、法廷にはあけぼののばしの元従業員らも姿をみせるものと思い、身構えていたようだ。だが、法廷にきたのは弁護士だけ。民事裁判ではごく普通の光景だが、渡辺さんは拍子抜けした様子だった。

初公判は、双方の弁護士と裁判官で次回の期日を決めるなどし、わずか5分ほどで終了した。

家に帰りたい

裁判は、2回目から非公開の準備手続きになり、2〜3カ月に1回のペースで、文書でのやりとりと、裁判官との打ち合わせが続いた。

相手方からはさまざまな反論の書面に加え、スタッフが研修生の日々の様子を記録した報告書や、スタッフ間でのLINEのやりとりなどが証拠として提出された。タカユキさんは「放置」されていたのではなく、スタッフが様子を観察し、ケアを続けていたことを示すのが目的のようだった。

そんな報告書のコピーを読ませていただいていた私は、ある場面でハッと心臓をつかまれるような気持ちになった。それはタカユキさんが家を出て4日目の17年1月22日のこと。タカユキさんがスタッフに「一度、家に帰らせてほしい」と訴えていたことが記録されていた。〈帰る直前、そろそろみんなの輪に入らないか？　と声をかけたところ「今、精神的にギリギリのところで保っているような状態で、そこまでの余裕がないです。追い込まれているような感じ」といった主張をしていた。

なら、どうすれば精神的に余裕が生まれると思うか尋ねたところ「一旦《いったん》家に帰りたいです。逃げる訳じゃないんですけど、環境がいきなり一変したのが一番精神的にキツいです」と正直に話していた〉

渡辺さんはあけぼのばしに指示された通り、タカユキさんには業者が迎えに来ることを内緒にしていた。家を出たときの状況はまさに、着の身着のままで、タカユキさんからみれば〝不意打ち〟だった。心の準備もできていないので、とにかくいったん家に帰り、仕切り直したいと考えるのは当然のことだろう。そもそも、ひきこもりの支援においては、「本人のペースを尊重する」のが大原則であることを、いまの渡辺さんは、いくつかの専門書なども読んで学んでいた。

「『働き始めた』を目標にしている親御さんもいるかもしれませんが、そこに向けて焦るのはあまりよくありません。それよりも、お子さんの小さな一歩一歩、わずかな成長を見逃さず、評価するようにしてあげてください。親子関係の回復は、お子さんのことを認めて評価しているという親御さんの気持ちが、お子さんに伝わることから始まります」（『親も子も楽になる　ひきこもり〝心の距離〟を縮めるコミュニケーションの方法』山根俊恵著）

この報告書の話を渡辺さんにしたとき、日頃はあまり感情を表に出さない彼女が電話で、嗚咽《おえつ》に近い声を漏らしながら、自分を責める言葉をいくつも口にした。

「私はタカユキになんという残酷なことをしたのか」

「天国に行って謝りたい」

「私を恨んでほしい」

そして、もう一度会いたい、と――。

その先のやりとりは報告書には書かれていないが、「帰らせてほしい」が通るような施設ではないことは、奈美さん、哲二さんの例からも明らかだろう。渡辺さんとあけぼのばしとの当初の契約では17年1月～7月の半年間で、タカユキさんを自立させるということになっていた。タカユキさんは施設に残り、しばらくは持病の糖尿病や虫歯、白内障の治療のため病院にも通っていた。そして3カ月ほど経った4月にはハローワークに出向いている。

私も、A4の用紙50枚程度に印刷されたその報告書をたんねんに読ませてもらったが、5月以降、タカユキさんの日々の行動は「警備会社に見学にいく」「ハローワークにいく」「面接にいく」などと、就職活動へと集約していく。

あけぼのばしスタッフの記述が〈教室にタカユキがきました〉〈タカユキからアパートの鍵《かぎ》を回収しました〉などと、名前がほぼ呼び捨てになっていることにも違和感を持った。

裁判で提出された業者側のこの報告書とは別に、私は渡辺さんの自宅で、過去にあけぼのばしからの定期報告として送られてきたタカユキさんの日誌を読ませていただいた。

「警備の仕事がダメになり、涙がでました」

「面接がうまくいかない」

「もうすぐセンターの契約期間が切れるのに仕事が決まらず焦っています」

そのときも文面から焦燥感が伝わってきて、息苦しいような気持ちになった。不眠症の人が「眠らなければいけない」と思えば思うほど眠れなくなるのと似ているだろうか。「就職しなければ」と追い詰められ、焦りが募る。しかも期限は半年。そのために母親が多額の費用を支払っていることも、スタッフを通じて伝えられていた。

まるで就職する以外には人生の喜びも楽しさもないかのように、支援業者のスタッフたちが、タカユキさんの視野を狭めていっているようにも読めた。

蜘蛛の糸をつかむ思いで

第二章で紹介した奈美さんの裁判も続いていた。私は奈美さんのその後を取材したいと連絡をとった。

千葉県の私鉄沿線にある住宅街。バス通りを駅からしばらく歩き、細い路地を入った先に奈美さんと父の二三男さんが暮らす自宅があった。居間に通されテーブルをみると、庭に咲いていた花だろうか、小さなグラスに水を張り、白い花が一輪さしてあった。

70歳代の二三男さんは元市役所の職員。歌人でもあり、私と知り合ってからのこの3年、正月には大伴家持《おおとものやかもち》の歌などを筆書きした年賀状を送ってくれている。

あらためて、連れ出しの日のことを振り返る。

知らない男たちに寝起きに踏み込まれた奈美さんは、近所で別居中の父二三男さんにメールで助けを求めた。自転車で駆けつけた二三男さんは後に、そのときの様子を歌にしている。

〈我が家に見知らぬ男女四人居て何事ありしかとうろたえり〉
〈二階にある娘の部屋に上がりてみれば首謀者らしき男の座りおり〉
〈ボス男スキンヘッドで不遜気《ふそんげ》にベッドの脇にじっと居座る〉

〈入所には反対すると首謀者と押し問答の七時間超ゆ〉
〈夕闇が迫りくるなか首謀者の声と顔とが豹変《ひょうへん》したり〉
〈三人の男に羽交い締め娘の体は引きずられて階段下へ〉
〈言葉出す間もなく手足ひきずられあっという間に車のなかへ〉

男らの説得は7時間続き、奈美さんは都内の施設へ向かう車に乗せられていた。3日後、二三男さんは、新宿のセンターを訪ね、娘に会わせてほしいと申し入れたがかなわなかった。二三男さんは知らなかったが、奈美さんはそのときは既に脱水症状を起こして女子医大病院に救急搬送されていた。

〈マンションの一室を娘の居住用にと案内されるも狭き囚人部屋のごと〉
〈しつこくも所在を問えばようやくに三日前入院したと告げられる〉

病院で施設に帰ることを強く拒んだため、ようやく帰宅できた奈美さんだったが、しばらくは自室で寝込む毎日が続いた。二三男さんが同居するようになり、もともと奈美さんとは折り合いの悪かった母親が今度は家を出ていった。

1カ月後、二三男さんと2人で地元の警察署に赴き、被害届を出そうとしたが、対応した警察官には「お母さんが業者と契約したのだからこれは民間同士のトラブル。監禁や拉致にはあたらない」と相手にもされなかったという。その後、あけぼのばし自立研修センターがある警視庁牛込《うしごめ》警察署にも出向いたが、対応は変わらなかった。地元市役所の消費者窓口でも取り合ってもらえず、「弁護士に相談し、自分で裁判をするしかない」と言われたという。

行き場を失った奈美さんはある日、ネットニュースで、引き出し業者によるトラブルについて書いた記事を見つける。記事の末尾にある連絡先にメールし、ジャーナリストの加藤順子さんに出会い、ＫＨＪ全国ひきこもり家族会連合会にもつながることができた。同会副理事長でジャーナリストの池上正樹さん、加藤さんが初めて親身になって話を聞いてくれたという。当時のことを奈美さんは「蜘蛛《くも》の糸をつかむような思いだった」と振り返った。

ＫＨＪから奈美さんが紹介されたのが望月宣武弁護士だった。警察や行政に被害を訴えても、業者が指導を受けたり、責任を取ったりすることは期待できないと身をもって分かっていた。

「このまま黙って泣き寝入りしてしまったら、本当に浮かび上がれなくなる」

裁判をしよう。父の二三男さんが自分も一緒に戦うと背中を押してくれた。

奈美さんは２０１９年８月、連れ出しにきた男ら２人と、業者に依頼した自身の母親に５５０万円の損害賠償を求め、東京地裁に提訴した。裁判では「腕をつかまれ、抱えられるようにして階段を下ろされた」と主張した。

いざ裁判となると、自ら証拠を集めることも必要になる。テレビドラマのように弁護士が勝手に動いて、探偵のように調査してくれるわけではない。

とはいえ、いきなり寝起きに踏み込まれた奈美さんにとっては、男らとのやりとりを録音する余裕などなかった。それでもつらい記憶をたどり、文書にまとめ、望月弁護士にメールで送った。

民事裁判では真っ向から対立する原告と被告が、自らに有利な主張をぶつけ合う。裁判官の目を欺くかのように、事実を曲げることや、極端な誇張も珍しくはない。つまりは「言いたい放題」が許される世界だ。あけぼのばし側の反論の準備書面が出てくるたびに、奈美さんはショックで起き上がれなくなった。

例えば、あけぼのばしの元従業員2人の陳述書はこんな風に書かれていた。

「私たちは説得行為時、指一本触れていません。にもかかわらず羽交い締めなどとありもしない事実を主張しています。ありもしない事実を主張したことにより、私は悩まされ、多くの時間を割かざるを得なくなりました。怒りはもちろんのこと、万が一でも相手の主張が認められてしまったらと考えると、精神的にかなりの負担を感じています」

「私は、この裁判が始まって以来、この事実無根の作り話によって大きな精神的ダメージを受け続けました。心療内科で軽度のうつと診断され、今も定期的に通い、安定剤を服用して生活しています。作り話については憤りを感じており、原告を訴えたい気持ちもありましたが、今は早期解決を第一に望んでおります」

奈美さんはこのうそつき呼ばわりについて、

「難しい司法試験を通った弁護士さんが、平気でこんな業者の味方をし、苦しむ被害者を非難する手助けをするなんて……」

とショックを受けたという。二三男さんも「相手方の書面がくるたび、その後数日間は、ストレスと不安で何も手がつかない」と話した。

相手方の反論の書面は提出の都度、望月弁護士からメールで送られてくるのだが、読むのが苦しく、それをなかなか開くことができなかったという。

裁判の末に……

裁判が始まってからも、さまざまな形で奈美さんの苦しい毎日は続いた。

提訴から4カ月後の19年の年末、訴えていたあけぼのばし自立研修センターの運営会社クリアアンサーが破産したのはこれまで記してきた通りだ。会社としてのあけぼのばしがなくなってしまい、裁判が続けられなくなるところだったが、幸い、望月弁護士は被告の中に、会社としてのあけぼのばしだけでなく、奈美さんの自宅にきた従業員個人2人も含めていたため裁判は中止されずに済んだ。少なくとも従業員を相手には、裁判を続けられる。

だが、破産にともない期日が大幅に延期され、そこにコロナ禍が襲った。20年3月には緊急事態宣言が出され、民事裁判の多くも延期になり、再開の見通しが立たない時期が続いた。

裁判を戦い、そして勝つことで、自分を取り戻す。ただひきこもっているというだけで、いきなり部屋に入り込み、その生き方を一方的に非難し、ついには暴力的に連れ出した。そんな人たちのやり方は間違っていると裁判所が認めてくれることで、立ち上がれる――。

そう考えていた奈美さんにとって、裁判がなかなか再開しないことは不安でしかなかった。

公務員だった二三男さんには、地元に親しい市議会議員もいた。そんな市議を通じて知り合ったのが、当時、立憲民主党の衆議院議員だった宮川伸《みやかわしん》さんだ。ひきこもりの支援業者をめぐるトラブルに関心を持つ議員らが党内に「引き出し屋問題を考えるPT（プロジェクトチーム）」を立ち上げたのが20年6月。宮川さんを通じて奈美さん、哲二さんもPTの会合に呼ばれ、国会議員らを前に、直接意見を述べることができた。そんな矢先、座長を務めていた衆院議員が、スキャンダルで離党し、PTの議論の行方も耳に入らなくなってしまった。

21年秋の衆院選では、宮川さんが落選した。

せっかく裁判を起こしたものの、録音・録画など相手方の暴力を示す証拠はない。政治からのアプローチで、引き出し屋の被害者に目を向けてほしいと考えていた奈美さん、二三男さんだったが、その道もいつの間にか途絶えてしまった。

それでも奈美さんは証人尋問で法廷に立ち、部屋から連れ出され、車に乗せられて施設に行くまでの体験を証言した。

「全身震えてて、涙が止まらなくて、声出せなくて、それでも車から出ようとして、高速道路みたいなところとかでドアを開けようとしたり、窓割れないかなって思ったりして、何かいろいろ触ってたりしました」（証人尋問の様子は「はじめに」を参照）

小さな声だが口調は落ち着いていて、奈美さんの声は傍聴席の後ろの方からもはっきりと聞こえた。

年が明け、22年1月27日。裁判はついに判決の日を迎えた。提訴から、約2年半が経っていた。

傍聴席に座った私も緊張していた。「蜘蛛の糸をつかむような思い」で裁判を起こした奈美さんだったが、記憶に基づく証言が頼りで、暴力や監禁を証明する録音や録画など直接的な証拠は存在しない。奈美さんにとって厳しい判決もあり得ると思った。だが、これまで苦しいことの連続だった奈美さんの努力が、この裁判でも報われなかったら、心がつぶれてしまうのではないか。それが心配だった。

黒い法服の3人の裁判官が入廷し、裁判長が主文を読み上げる。

「被告〇〇、〇〇は連帯して55万円を支払え」

東京地裁は元従業員の男ら2人と、あけぼのばしと契約した母親に対し、慰謝料など55万円の支払いを命じる判決を言い渡した。

奈美さんは勝ったのだ。


判決は、連れ出しの際に、腕をつかむなどの暴力行為があったことは証拠上認められないとしたが、「いきなり部屋にきた男らに少なくとも7時間にわたって説得され、部屋着で素足のまま部屋を出るのを余儀なくされた」と指摘。奈美さんは「意に反して連れ出された」と認定した。

母親についても、奈美さんの意思に反する連れ出しを認容していたとして、業者側との共謀が成立すると結論づけた。

判決の翌日、記者会見した原告側の望月宣武弁護士はこう判決を評価した。

「これまで録音や録画でもない限り、本人の意思に反しての強制連行を証明することが難しかったが、『説得』で根負けさせせて連れ出す行為自体に対して不法行為責任を認めた点は大きい」

母親の「共謀」が認定されたことも、「本人の意思と関係なく親と契約し、施設に入れるビジネスモデルは違法で、同種のことをやろうとしている業者に対しても警告している」と指摘した。

会見では、これまで施設から逃げ出した被害者が警察に駆け込んでも、契約を理由に施設に戻されたケースが相次いだ実態にも触れ、「(結果として警察が) 加担してしまっている。こういう悪質なビジネスがあるのだと警察関係者に認識してほしい」と注文した。

奈美さんは施設から逃れた1カ月後、ようやく相談に行った地元の警察署では、「それは拉致でも監禁でもない」とまるで相手にされなかった。

判決後、奈美さんに感想を尋ねると「勇気を出して、一歩踏み出してよかった」と話してくれた。ほっとしたような表情にみえた。

その一方で、悔しさもにじませた。

「警察も行政も助けてくれず、話を聞いてももらえず、父に助けてもらいながら苦しい思いをして裁判に訴えるしかありませんでした。でももし、あのときすぐに警察が動いてくれていたら、裁判でも『暴力の証拠はない』などと言われずに済んだと思います」

ともあれ、本人の意思に反しての「説得」は違法、こうした業者と契約した親の行為も違法と認定されたのだ。奈美さんの場合、病院に搬送されたため施設に滞在した期間が3日間と短かかったせいか、賠償額こそ55万円と少なかった。だが、引き出し屋問題を考える上で、画期的な判例を残すことができた。

原告、被告とも期限内に控訴せず、判決は確定した。

ひきこもり支援をうたう業者をめぐる裁判で業者側の不法行為責任が認められたのは19年、第二章でも紹介した小説家の真紀さんが提訴した「赤座警部の全国自立就職センター」のケース以来、2件目だ。このときは運営会社の「エリクシルアーツ」に対し、約500万円の賠償を命じる判決が出ている。裁判所が指摘したのは、業者が真紀さん本人の意思とは関係なく親と契約を交わし、真紀さんから事情を聞き取るなど十分な情報収集をしなかった点、それと社会復帰に向けた適切な支援をするという契約を守っていなかった点だった。つまり、「支援」とは名ばかりで、実際には放置同然の状態に置いていたことを問題にした。

繰り返しになるが、今回の奈美さんの判決は、物理的な暴力はなくても、長時間の「説得」そのものに暴力性があり、違法であることを強く指摘した。さらにこうした業者に「支援」を依頼してしまう親の行為についても「共謀」という強い言葉で警鐘を鳴らした。

静まりかえった法廷

奈美さんの判決から2カ月後、東京地裁で今度は哲二さんの裁判の判決があった。

哲二さんは第二章でも紹介したように18年5月、やはりいきなり部屋に入ってきた男らに、身体を押さえつけられながら車に連れ込まれた。その後、精神病院に入院させられるなど耳を疑うような体験をくぐり抜けてきた。施設を脱走後、話を聞いた父親があけぼのばしの実態を理解してくれたことで、提訴にまでこぎ着けることができた。

しかし、あけぼのばしが突然破産した。哲二さんの場合は奈美さんと違い、会社のみを相手どり、スタッフ個人を被告に入れていなかったため、いったんは完全に裁判が中断し、再開のめども立たなくなった。

それから1年以上待ち、債権者集会で破産管財人の弁護士があけぼのばし側の代理人になって裁判を引き継ぐことが決まり、裁判はどうにか再開された。

民事裁判と並行して、拉致、監禁の容疑で警察への告訴も行っていたが、こちらは不起訴処分になっている。

「悔しいけれど、警察からみればスパルタで『ひきこもりを直す』業者はきっと、いいことをしているようにしか見えないんでしょう。本気で捜査するつもりがあったとは思えません」

哲二さんは淡々と話した。

22年3月25日、ようやく迎えた判決の日。哲二さんは久々のスーツ姿で裁判所前に現れた。この裁判は、哲二さんが人としての尊厳を取り戻すための戦いだと思った。

傍聴席は池上正樹さんや加藤順子さん、藤田和恵さんらフリーのジャーナリストや支援関係者、あけぼのばしの元入所者らでほぼ満席だった。渡辺さんと、娘のアキさんもきていた。

入廷した裁判長は、椅子にかけるとすぐに、哲二さんが破産した会社、つまりあけぼのばしに対し、「110万円の債権を有することを認める」という内容の判決を早口で言い渡し、すぐに法廷の奥へと消えていった。法廷は一瞬、「何が起きたの？」という雰囲気で静まりかえった。さすがに当の哲二さんはすぐに内容を理解できたようで、傍聴席と法廷とを隔てる柵《さく》の向こうで弁護士らとうなずき合っていた。

困惑したような表情で席を立ち、こちらに目を向ける渡辺さんとアキさんに私は、「哲二さん、勝ったんですよ」と伝えた。

判決は、哲二さんを自宅から連れ出す際に、業者の職員たちが手足を押さえつけたことなどを認定した。施設内でも監視を続けたことも併せて、「移動の自由を侵害した」としてあけぼのばしの不法行為責任を認めた。

業者側は、連れ出しの際に体を押さえつけたことについて「（哲二さんが暴れて錯乱状態だったため、精神科病院で）医療保護入院の必要性が判断されるまでの保護行為だった」などと主張したが、判決は「業者は病院ではなく、職員は入院を判断できる医師でもない。ただちに病院に連れていってもいない」として退けた。

連れ出しの際に手足を押さえつけられるなどの暴力を振るわれても、映像や録音などが残っていない場合は、業者側に「指一本触れていない」などと反論されても証明するのがきわめて難しい。だが、哲二さんの場合は、駆けつけた警察官が連れ出して車に乗せるまでの様子を目撃していた。このため、業者側もさすがに「触れていない」という主張はできなかったのだろう。警察官は助けず、「ただ見ていた」だけだったが、結果的に哲二さんの勝訴にとっては大きな役割を果たしたことになる。

判決後、代理人の林治弁護士は東京地方裁判所2階の司法記者クラブで会見し、こう訴えた。

「いくら親の了解があっても、本人の同意がない連れ出しが重大な人権侵害だと判決は明確にした。同種の業者は他にもあり、排除するための規制立法が必要だ」

哲二さんの判決は、あけぼののばしが破産したため、控訴はなく、そのまま確定した。ただ、破産会社の財産の分配先は公共料金や債権のある企業などすでにほとんど決まっていて、哲二さんにまとまった金額が支払われる可能性は低い、とのことだった。

奈美さん、哲二さんと立て続けに二つの判決が確定したことは、「ブラック支援」の問題を考える上では大きな前進だった。拉致や監禁の被害を警察に訴えても、まともに話すら聞いてもらえない。やむなく起こした民事裁判でも、相手方が提出する書面の中で、何度も心を傷つけられる。長くつらい戦いの末、勝ち取った判決だ。大切に受け止めたいと思った。

終　章　タカユキさんはなぜ死んだのか

熊本でのタカユキさん

タカユキさんが熊本へ行ってからの足取りが、裁判を通して少しずつ明らかになってきた。

渡辺さんは、息子が初めに「林業」の仕事についたということを当時、スタッフからの電話で聞かされていたが、それがどこにあるどんな業者で、タカユキさんがどのくらいの期間、そこで働いていたのかも知らなかった。

裁判をはじめて半年後の２０２１年夏、渡辺さんは熊本に3度目の訪問をし、タカユキさんが働いたという林業の会社を探すため、地元の役場や森林組合などを訪ねて回ったが、結局、たどり着けなかった。だが、裁判で被告側が提出した書面によって、タカユキさんの働き先もあっさりと判明した。

「Y産業」という木材業者で、タカユキさん自身がハローワークで見つけ、熊本に移ってわずか１カ月後の９月19日から働き始めていた。

山に入り、上司の指導を受けながら杉の枝打ちなどを行っていたことが、被告側が提出した木材業者社長の陳述書に記されていた。タカユキさんはそこにたった4日間だけ出勤し、辞めていた。

熊本に行ってから4カ月後の17年12月、林業の仕事を辞めたタカユキさんは、ハローワークで新たに見つけた高齢者福祉施設に就職した。

残された報告書

あけぼのばし自立研修センターに入所してからのタカユキさんの様子は、渡辺さんのもとに送られていたタカユキさんの日誌や、最後に働いた熊本の介護施設のスタッフの証言以外には、ほとんど手がかりがなかった。

ところが、渡辺さんが裁判を起こしたことで、被告のあけぼのばし側が、新たに社内の「報告書」を証拠として裁判所に提出したことは前章で述べた。これにタカユキさんの日々の様子が記録されていた。報告書はA４のペーパーに50ページほど。毎日、または数日おきにその日のタカユキさんの様子が数行のごく短いメモで記録されている。それぞれのメモにはすべて「〇〇報告」と筆者名が書かれていて、スタッフたちの業務日報を兼ねていたのだろうと推測できた。

その報告書を１枚ずつめくりながら私は、センター入所後のタカユキさんの日々をたどった。

気づけばページをめくる手がとまらなくなっていた。季節が春から夏に向かう中、まるで何かに追い立てられるかのように、就職というただひとつの目標に向かって走り続けるタカユキさん。痛ましくて、胸が苦しくなるようだった。

タカユキさんがセンター職員に「説得」され、泣きながら自宅を出たのが2017年1月18日。

報告書はこの日付から始まる。

まずはスタッフAによる報告だ。

〈人混みが嫌いで外ですれ違いする時にチラッと見られるのすら嫌、教室の話をしましたが、行かなきゃだめなんでしょうかとかなり後ろ向きな発言〉

タカユキさんはAにパソコンや英会話などセンターのいう自立支援プログラムの授業を受けるために教室に行くことをいきなり勧められたようだ。

〈明日1日教室に居させるのは現在の反応から難しいかもしれません〉

翌々日、別のスタッフBによる報告。

〈PC教室に参加しないか尋ねると「今日はやめておきます」と言われたため、来週のには参加しよう!と推すと「分かりました」と渋々ながら了解した。「環境が変わって食欲がなく、せっかく貰《もら》ってもかなりがんばらないと食べられない。朝のおにぎりで今は大丈夫」と言っていた〉

その翌日はさらに別のスタッフGが、〈こちらに来てのストレスで、まだ食欲がない〉と記載している。

タカユキさんが「いったん家に帰りたい」と訴えていたのは22日のことだ。24日、別のスタッフで渡辺さんとの窓口になっていたO氏がこう書いている。

タカユキさんはO氏に「何も言わずに消えようと思った」と告げ、「でも一緒にタバコを吸って話してくれた人なので裏切りたくなくて最後の挨拶だけしにきました」と施設を出る意思を伝えたという。

O氏はメモに〈「精神的にも限界」、「俺は引きこもりじゃなくなったから住み込みで働く」、「教室の空気が嫌い」。上記が「逃げたい」理由でした〉と記している。

着の身着のまま家から連れ出され、わずか6日目のやりとりだった。

帰宅のことはあきらめたのか。27日、タカユキさんは早くも就職情報誌のタウンワークをみて、警備、ガソリンスタンドなどの職探しを始めている。

2月8日には、タカユキさんが「イイトコサガシ」のセミナーに参加した、と書かれていた。

その後、糖尿病の治療のため、タカユキさんは1週間ほど入院する。そうした医療のための費用はその都度、渡辺さんに請求がきて、センターに支払っている。

入所から3カ月が過ぎた4月16、18、21日。メモでは〈清掃業の現場に（タカユキさんを）

連れて行く〉とある。

そしてその21日。タカユキさんは、「肉体労働をすると腰が痛くなる」と訴え、「せっかく誘ってくれたのにごめんなさい」とスタッフに涙目で話していたという。23日、〈今後の仕事について聞くと「介護の仕事をしたい」〉。28日には、ひとりでハローワークに行ったとみられる記述がある。

だが〈以前の職場の情報が分からず登録できなかったようです〉。タカユキさんにはスタッフの付き添いもなく、ひとりでハローワークに向かったようだ。そして、自身がひきこもる原因となった以前の勤め先の会社が記憶から消えていたようだ。

お金の話はされたくない

契約終了まで残り2カ月半となる5月1日。タカユキさんがスタッフに「人間関係は心配ですが、もう決まったらそこにしがみつく覚悟です」と話したと書かれている。とにかく就職できるところに就職するとの意味だろう。4日にはスタッフが、〈警備、ピッキングの仕事も勧めた〉とある。

5月13日のスタッフJのメモ。

〈(警備のアルバイトについて) まとめたものを読んでもらい、「体力に関しては、どんな仕事でも必要なことに変わりなく、そこを言い出したらキリがない。自分は警備をやる気でいます」と、ハッキリ意思を示してくれました〉

20日には、警備会社を見学。タカユキさんは「黙々とこなす仕事は自分にやっぱり向いていると思います」と話したという。

24日は、〈PCにて求人検索をしていた〉とある。

ちょうどこのころのことだ。「経過報告」といって、担当のO氏が、渡辺さんの自宅を訪ねてきたという。

「息子がお世話になって、本当にありがとうございます」

そう言って頭を下げる渡辺さんと、娘のアキさんの2人に、O氏は自らの携帯を取り出して、動画をみせた。それは、タカユキさんが、センターでO氏から「説教」をされる様子を撮影したものだった。

場所はセンターの建物内、ベランダの手前だろうか。窓際でうつむいているタカユキさんに向かって、O氏が話し始める。

「お母さんはあなたに900万円ものお金を出して我々に依頼している。だから、あなたももっとしっかりしろ」

およそ、そんな内容だったと渡辺さんは記憶している。それを聞いた瞬間、渡辺さんはカッと頭の中が熱くなった。

「ああ、それは言ってほしくなかった、と思ったんです。900万円なんて聞けば驚くだろうし、『親に申し訳ない』と余計な負担を与えてしまうと……」

「何でこんなことを言ったんですか」

思わずO氏に強い口調で聞くと、少し驚いたような、意外そうな顔をしていたという。

そのときのことをアキさんもこう振り返る。

「きっと私たちが『よくぞ言ってくれた』と感謝するとでも思っていたのでしょう。歳の離れた若い人に説教されてうなだれる兄がかわいそうで、私もみていられなかった」

こうした「説教」はモラルハラスメントと言っていい。

だが、2人とも、施設そのものに不信感を抱くまでには至らなかったという。現にタカユキさんはセンターで集団での授業にも参加し、連日、ハローワークにも通っているという。

たった数カ月で「奇跡」が起きた。

「高いお金を出したが、プロに頼んだことは、正解だった」

2人はまだそう思っていたのだ。

報告書は続く。

契約終了まで残り1カ月半となった6月5日。

〈警備の仕事を見学〉

11日には〈このままうまくいけば6月下旬から研修、就職となる〉とある。

面接が決まったのだろうか。

そして16日。

〈今日の面接結果が、採用ならば13時に電話が来ることになっていたが連絡がない為、不採用となった。面接は、緊張し過ぎて全く駄目だったと〉

つまり、タカユキさんは初めての面接に挑んだものの、待っていた会社からの連絡は、なかったのだ。

繰り返される挫折

契約終了まで残り1カ月となった19日。

〈自分でももうすぐ期限だということをわかっていて、職探しを必死でやっています。部屋探しも始めたいということで、バス、トイレがあり安い物であればいいというので、〇〇（不動産）に相談し、話を進めます〉

就職活動と並行し、「自立」に向けての家探しも始めている。

ところが22日。申し込んでいた物件についてなぜか〈大家さんから断られた〉と書かれている。

この日、スーツを購入している。

次のメモは26日。突如、〈面接で採用が決まる〉とある。

27日。契約時に渡辺さんに応対したK氏による報告。

〈エレベーターホールで会い、決まった仕事について話しました。「採用が決まりました！がんばります」といっていました。握手しました〉

契約期間は残り3週間となったが、とにかく就職が決まり、タカユキさんは少し安心できたのかもしれない。

28日。〈禁煙するのでタバコはもう購入しなくて良いそうです〉。

29日、アパートの入居先が決まる。

7月4日。〈本日から勤務が始まる〉。契約期限は残り2週間となり、いよいよ「自立」のときが近づいている。

7月9日、センターの寮から近くのアパートに引っ越し。

だが、11日の欄をみると突然、〈面接に行った〉との記述が現れる。採用されて、1週間前から勤務がはじまったはずの警備会社はどうなったのだろうか。

実はタカユキさんは〈健康問題で内定取り消し〉になっていたようだ。なんとか求人を見つけ出し、再び面接に挑戦したものの、今度もまた大きな挫折《ざせつ》を味わう結果となった。

この採用取り消しのくだりは、第一章にも書いたタカユキさんの日誌にも記載があった。

「警備の仕事がダメになってしまい、涙が止まらなかったです」

報告書を読み、この言葉に至る背景が分かった気がした。

27人が次々と

それにしても報告をするスタッフがいつも違っているのには驚かされる。おそらく何人ものスタッフたちには、交代で利用者と話をし、短いメモを残すことが業務になっていたのだろう。報告書をみると、形の上ではとてもシステマティックに、利用者をケアしているかのようにもみえる。

一般の専門学校や予備校ならこうしたスタイルもあり得るのかもしれない。だが、相手は何年もひきこもり、他人との接触を絶っていた人だ。まだ信頼関係もない、しかも何人もの相手から、あれこれと内容のない言葉をかけられるのはストレスだったのではないか。

驚くことに報告書に登場するスタッフの名前は、東京だけで19人、熊本も含めると27人にも上る。これだけの人数に付き合うだけでも疲労困憊しただろうと思う。これはタカユキさんに寄り添う支援などではなく、ただの流れ作業といっていい。

あけぼのばし相手の裁判で22年3月に勝訴した神奈川の哲二さんも、入所中、同じ形式で報告書が作成された。ここでも、タカユキさんのメモに登場するのとほぼ同じ名前のスタッフたちが、入れ替わり立ち替わりコメントを記していた。だが、そのトーンはタカユキさんのものとはかなり異なる。

スタッフらは哲二さんに対し、ひきこもりへの世間的な誤解そのままに厳しい目を向けている。

〈大学院に通い、研究者になりたいようで、将来的には研究職で食べていけると、本人は思っているようです〉

〈典型的なパラサイト、勘違いをしている人、難しい方です。親に依存しています。親がお金を出すのは当然と考えている〉

〈本人は賢いのでしょうが、一般的な概念が欠落しており、根拠のない自信にあふれています。本気ではないと思いますが…〉

これに対し、おとなしくて素直なタカユキさんについては同じスタッフが〈素直で問題なさそうです〉〈期待できる〉などと記載している。哲二さんや、同じく施設で食事もとらなかった千葉の奈美さんなどに比べると、タカユキさんはスタッフにとって「かわいげのある」入所者だったのかもしれない。

契約期限の延長

タカユキさんの報告書に戻る。

7月に入り、決まったと思った就職先が不採用になり、また振り出しに戻ってしまったことにタカユキさんが焦りを募らせている様子が伝わってくる。

契約期限終了まで1週間となる11日。

スタッフG〈僕もう時間がないんです。といってきたので、警備でリタイヤしましたが、××社の話をしたら「僕、仕事したいんです。お願いします」と懇願された〉。

13日。

スタッフQ〈「契約が迫っているのに仕事は決まっておらず、食事や治療等これからの生活が心配だ」と相談されました。「（スタッフGが）帰社後に、相談したい」〉。

スタッフG〈他の方の報告通り、本人は手取りで19万は欲しいらしく、その為にダブルワークなどをしたいともう動いています〉。

〈「最後にGに相談に乗ってもらったので、Gを通さずに動くのは筋が通らないと思ってい

たので一度話したかった」と話されました〉

こんな状況でもタカユキさんは、「Gを通さず動くのは筋が通らない」と、新たな面談についてて2日前に最初に話をしてくれたスタッフGに、声をかける気遣いをみせている。そしてこの13日の報告書に突然、「期限延長」という言葉が出てくる。

〈あと、1カ月はセンターにいられると伝えると『大丈夫ですか？　良いんですか？』と言われたので、大丈夫だよ。と伝えました〉

どうやら、入所の期限が1カ月延びたということのようだ。だがタカユキさんは安心するどころか、さらに焦りを募らせていく。

16日のP報告。〈就活が上手くいかない不安と焦りから「苛立《いらだ》ち」が大きくなっています。「自由時間でもないのに騒がしくて、履歴書の文章が書けない」など、以前とは明らかに異なった口調で話してきます〉。

26日。タカユキさんはスタッフFに「資格がないため研修を受けながら介護の仕事をしたい」との希望を伝えている。ただ就職できそうなところに就職するのではなく、きちんと資格を持ち、責任ある仕事をしたいという前向きな希望を、タカユキさんが初めて口にしたように読めた。

ところが、Fは報告書にこんなことを書いている。

〈腰の悪いタカユキには介護の仕事は年齢的にきついと思い、本人に介護の食事補助、入浴補助、抱き起こしなど、コツはあるが腰にくる（負担がかかる）などと話すと、面接は辞退します、新聞配達の寮付きのアルバイトを探していきますとの事です〉

同じ日のI報告。〈本人は、もう体力的、精神的に限界で、周りの研修生の話し声、スタッフからの頑張れの言葉に我慢できなくなる、また、ぶつかっても謝らず、履歴書をのぞき込む研修生もいる。仕事を探していたが、今は東京を離れて、腰が悪いので農業は無理なので、養鶏場や養豚場、牛の乳搾りなどの仕事をしたいので探している。相当、精神的体力的に疲れている様子です〉。

29日。S報告。〈「最近自分の限界がきている」「このままならホームレスにでもなった方がマシ、期限がくる前に出て行こうと思っている」といった為「そんなことしたら皆心配するからやめた方がいい」と伝えました〉。

かなり深刻な状況であるように読めるが、スタッフSの返答はやはり、ただのその場しのぎのようにしか聞こえない。そんなSに対しても、タカユキさんは「お仕事に戻っていいですよ、聞いてくれてありがとうございます」と逆に気遣う言葉すらかけている。

30日。G報告。〈体調がすぐれないので、今日は帰宅して家で横になっても良いか？と話してきたので、熱などもなかったため、明日必ず来社することを約束し、帰しました。また、体力がなさすぎる事をそのまま指摘し、ないから仕方ないではない。ないならつける努力をすること！と話し、明日から必ず10分でも、20分でも運動することを約束〉。

もはやタカユキさんは心も体もへとへとだったのだろう。だがスタッフは、「努力しろ」と叱責《しっせき》し、それを得意気に記している。タカユキさんは死を口にする。

同じ日のP報告。〈「もう本当に死ぬことしか考えられない状態。夜に目覚めると死にたいという衝動に襲われる……」と、病院にお願いしないといけないような精神状態にあります。おそらく、いま、何かアドバイス・提案しても、彼の言う通り何も進展は望めないと思われます〉。

苦闘は続く

ここで思い出すのが、第五章で登場した精神科医の斎藤環さんの言葉だ。

「施設に入ってすぐにハローワークに通っていたようだが、外形だけをみて、「(支援が)うまくいっている」と考えるのは間違い。ひきこもる人には、まじめで優しく、強く言われると断れない性格の人が多い。「通え」と言われ、それをしなければ施設を抜けられないと思えば素直に従ってしまう。でも、本人は相当に無理をしている」

一進一退を繰り返しながら前に進もうとする当事者に対し、支援する側の姿勢に必要なのは「期限を区切らない」「その人のペースで」。本人も支援者も、焦りは禁物なのだ。

加えて、いつのまにか「就職」以外の選択肢には目が向かなくなってしまっている。そんなタカユキさんの味方になり、「就職」という呪縛《じゅばく》を解いて安心させたり、ゆっくり休んだりするようアドバイスするスタッフはいない。

同じく施設にいた哲二さんは、スタッフによる「言葉のいじめ」に遭いながら要求を拒否したり、脱走を模索し続けたりした。結果としては、施設のいいなりにならなかったおかげで生還することができたのかもしれない。

一方、タカユキさんは人を疑うことの少ない性格で、スタッフの言葉のひとつひとつをきまじめに受け止めている。その先にあったのが、熊本行きという選択肢だ。

8月7日のN報告には〈体力をつけるためにと、食事の運搬を手伝ってくれました〉とある。同じ日のB報告には〈田舎の仕事で農業などの住み込みを探したが行き詰まってしまった〉などと書かれている。そして、ここで初めて熊本という言葉が登場する。

〈熊本の話をした際に、まだ決定ではないとしながらも、本人は希望がみえて号泣しました。親御さんの力を借りたくないなどの思いはあるかもしれないが、熊本行きだけは力になってもらいましょうと話すと、お願いします!!と何度も頭を下げました〉

もはやこのときのタカユキさんは、「施設を出てしまったらもう、二度と就職はできない」と強迫的に思い込んでいる。東京より田舎の方が仕事を見つけやすいと錯覚もしているように読める。

21日、職員につれられ、埼玉にある父の墓参りにいく。

23日、B報告。〈「ほんとうに感謝しかありません。熊本で頑張って生きていきます」と笑顔で語ってくれました。間もなく東京を発《た》ちます〉。ちなみにこのBは、東京のスタッフの中で唯一、タカユキさんを呼び捨てにせず、「さん」づけでメモを記載していた。

そして最期の日々……

2017年8月24日。ここからは熊本での報告になる。熊本市から南に約65キロ離れた人口約4000人の山間の小さな町、球磨郡湯前町にやってきた。研修施設「あけぼのばし自立研修センター　湯前研修所」に移送されたのだ。

引き続き報告書のメモを書いているのは、熊本に同行し、そこに数日滞在したとみられるあけぼのばしのスタッフに加え、研修所を運営する地元の会社のスタッフたちのようだ。

〈朝食を食べた後、川へいきました。川では上半身裸になって、寒いといいつつ泳いでいました〉。午後は熊本城を観光したようだ。

26日。〈農業体験。はじめは見学予定だったが技術指導員の方の計らいで初日から作業に参加、まじめに取り組めていた〉。

27日。〈「東京にいたときは先が見えず、希望もなかったが、今はとても楽な気持ち。これからのことを考えるとわくわくします」と、いままででは考えられない発言があった〉。

気持ちのアップダウンがあまりに激しいことが気に掛かる。

8月30日。熊本にきて1週間足らずで早くも、採用面接を受けることが決まったようだ。〈希望就職先が決まりました。面接日は、先方からの連絡待ちです〉

9月7日。報告書には、原付き免許取得のための「半日合宿」に行くとあり、翌日合格している。山間地域のこの辺りで、車やバイクなしに生活していくのは難しいのだろう。おそらく都会と違って企業の数も少なく、近くに就職先をみつけるのもハードルが高いのかもしれない。

その5日後の12日には、中古の原付きを購入した。資金は施設側に借り、今後の月々の給料から、タカユキさんが返済していくことになったようだ。

19日。林業の仕事で、初出勤〈一日中木の枝をのこぎりで切っていたようです。汗だくになり、とても疲れたと言っていますが、とても充実しているように感じました〉とある。就職先は地元の「Y産業」だ。

26日。〈林業の仕事をしていたところ脇腹をいためたとの事なので病院につれていってい ます〉とある。ここでタカユキさんは「林業は体力的に厳しいので農業等をやりたいと思っているが、仕事を始めたばかりで辞めるとZさんの顔をつぶしてしまう」と述べている。Z氏とは、湯前研修所の施設長だ。律義にもタカユキさんは自分の体力よりも面接に同行してくれたらしいZ氏の心配をしている。

このときタカユキさんはスタッフに「仕事がすぐに決まり働くことがなんて嬉しいんだと思い頑張り過ぎてしまった」とも話している。

29日には、「ここまでお世話していただいた方々に、恩返しとして、必死に働きたい。自動車免許取得も、男としてもう誰にも頼りたくないです」と話したことが記される。

一方で、このときタカユキさんは作業中に足の皮がむけてしまったらしく、「足が痛い」とも訴えている。スタッフに「林業の仕事を生涯つづけるのは厳しい」と漏らし、「働きながらある程度貯蓄できるまでは頑張る」などと今後への決意を口にしたようだ。

ようやく仕事を始められたことにきっと、心を熱くさせていたのだろう。だがまた、すぐに「挫折」に襲われる。

30日。〈病院受診しました。足の皮がめくれて傷になっていました。足が痛いのは傷口からばい菌が入ったためだろうとの診断でした。しばらく仕事はできない状態。傷の原因は慣れない履物が足に合わなかったようです〉。

その後しばらく仕事は休んでいたようだが、10月10日に「林業の仕事は業務的にきついので、今後は農業、酪農、ごみ収集の仕事を考えている」などとスタッフに伝えている。

こんなことも話している。

「家族から送られてきた荷物が全くいらないので送り返すか捨ててほしい」

「過去を振り返りたくないいい、つらくなるから本当に必要ない」

13日。「ここ数日あまり眠れない」と訴えた、とある。その後、林業の仕事をやめたいという意思をスタッフに伝えている。

15日。

「家族やお世話になったスタッフさんを安心させたいという思いから、熟考することなく仕事を決めてしまった。今度はじっくり考えてから職に就きたい」

「林業の職場の方にご迷惑をおかけしたくないし、（社長の）W先生の顔に泥を塗るような真似もしたくない。だからいきなり辞めたりはしない」

仕事をやめたいということで、施設側に迷惑をかけると心配している。

同時にここに来てまたタカユキさんは、これまでのようにただやみくもに職探しに奔走するのではなく、慎重に考えて、選びたいという前向きな意思を見せている。

だが25日。施設長のZ氏による報告にはこう書かれていた。

〈先日（20日の）退職から今日までの生活を見ている限りでは、将来に向けての危機感もあまり感じられないので、就職については、自分の想像とは違った・・・という逃げ道をなくしたいので、すべて自己責任にて行っていただき、サポートは、必要最小限に抑えます〉

タカユキさんの希望にはまったく耳を傾けていないように読める。

さらにZ氏は27日にこう書く。

〈9時から職安に行き、12時までの間自分だけで仕事探ししてもらいました。12時ごろ様子を見ると「あの、いくつかあったんですが、会社見学できるそうなんで、見てから決めます」と言われていました。「面接は決まりました？」「あ、見学してから決めます」「何度も来られないので、今決めてください」「あ。はい。今決めたほうがいいですか？」「はい」〉

この冷たい対応も、タカユキさんに「危機感」を持たせるためということか。

31日にはさっそく、牧場に面接に行き、11月8日に不採用となっている。

その後、ハローワークで食品加工の仕事を見つけたといい、17日に面接。だが不採用になったのだろう。27日にまたハローワークに行ったと記されている。

12月3日、新たな別の林業会社に職場体験に行く、とある。

そして8日、球磨郡相良村の高齢者介護施設で面接を受ける。12日に採用が決まり、18日に初出勤。2月2日からあさぎり町のアパートで一人暮らしを始め、17日に「卒業祝い」をしたことが記されている。

その後は毎月1回、スクーターのローンを返済するために施設に顔を出していたらしい。〈○月分、原付代返金、５８００円預かりました〉との一行メモが並んでいる。

記録の最後は7月27日。この日はもう少し会話があったのか、メモが4行に増えていた。〈仕事は順調ですかとの質問には、「はい、普通です」との返答でした〉

記録はここで終わっている。

翌8月、タカユキさんは仕事をやめた。

裁判の行方

提訴から1年9カ月。裁判の争点は、①業者側がタカユキさんが就職した後も支援を続ける義務があったか　②その時点でタカユキさんの心身は回復していたのか、いなかったのか――の二点にほぼ絞られた。

熊本でさらに半年間という契約は18年2月で一応は期限を迎えていたが、渡辺さんはこう主張する。

「終了の連絡は一切なく、スタッフが引き続き、見守ってくれているのだと信じていた」

「契約終了後、熊本に残るのか、埼玉に帰るのかなどについての相談や連絡も一切なかった」

一方のあけぼのばし側は「電話で終了を伝えた」と反論した。

また渡辺さん側は、いったん「就職した」ことをもって、ひきこもりから回復したり、自立したりしたとはいえない、とも強調。

「あけぼのばし側が生活力がないタカユキさんを、自宅に帰したり、他の福祉機関につなぐなどしないまま放置した」

これをあけぼのばし側は真っ向から否定。

「原告らは、自立支援活動に入ってからのタカユキさんの生活実態をみていない」

「心身の状態は、支援によって十分に回復していた」

確かに、渡辺さんは、息子が家を出てから2年以上会っていず、その生活の様子を知らない。だがそれは、あけぼのばし側に連絡を禁じられていたからで、渡辺さんのせいではない。

被告側は書面の中で、「タカユキさんが家族を嫌っていた」「母は過干渉で、自宅にはいい思い出は一つもないといっていた」などと、家族関係の悪さを強調する「証言」を挙げてきた。

渡辺さんは裁判の資料を読みながら、息子との「心の糸」のつなぎ役を、このスタッフたちに任せていたことを激しく後悔した。

9月2日。東京地裁であった8回目となる弁論準備手続き（原告と被告、裁判官の3者による非公開の協議）で、次回11月2日に証人尋問が行われることが決まった。証人として法廷に立つのは渡辺さん、熊本の施設の代表者W、施設長Zの3人だ。渡辺さんが最も「話を聞きたい」と望んでいたあけぼのばしの元スタッフO氏の尋問は、認められなかった。

タカユキさんが亡くなってから3年目のお盆も過ぎ、日比谷公園の上の青空には、いつの間にか秋らしい、うっすらと白い雲が流れていた。

証人尋問

証人尋問の日が翌週に迫った10月下旬、東京の四ツ谷駅近くで私は渡辺さんと会った。望月弁護士の事務所で本番前の打ち合わせをした帰りに待ち合わせたのだ。

少し遅れて事務所の前に着くと、打ち合わせを終えた渡辺さんはビルの階段の前に立っていた。ランドセルを背負った男の子たちが数人、声をあげながら道路を走っていく。

「さっきもね、ちっちゃな子がそこでわざと転んだりして、かわいいのよ」

子どもたちのあどけない姿をみて、少しだけ心がなごんだようだった。子どものころのタカユキさんの姿を重ねていたのかもしれない。

喫茶店に入り、打ち合わせの様子を聞いた。尋問ではひとりで裁判官の前に立ち、原告側と被告側の弁護士、さらには裁判官からの質問に答えなければならない。メモや資料を見ることもできない。

「落ち着いて、思っていること、覚えていることをありのままに話せばいいんですよ」

望月弁護士はそう言ったという。

渡辺さんは「裁判官の声がいつも聞き取りづらい」と心配していた。裁判官とはこれまでの準備手続きで何度も会っているが、いつも早口で、声も小さいので内容が理解できないことが多いという。

「聞こえなかったら『もう一度お願いします』と言えばいいですよ」

私が言うと、

「裁判官に言っちゃってもいいの」

と意外そうな顔で聞き返してきた。

「いいんです。相手方の弁護士さんも同じで、『もう一度お願いします』『おっしゃる意味が分かりません』と聞き返して下さい」

「そうか、分かんなかったら聞き返せばいいのよね」

「はい。遠慮なんかしている場合じゃありません」

コーヒーを飲みながら1時間ほど話をし、渡辺さんは「タカユキのために頑張る」と言って帰っていった。


11月2日。東京地裁611号法廷の傍聴席には、ジャーナリストの池上正樹さん、加藤順子さん、藤田和恵さんらの姿があった。

キャリーケースを持ったスーツ姿の中年男性2人は、証人出廷するために熊本からきた施設の社長W氏と施設長Z氏だ。

渡辺さんは黒いスーツを着て、原告側の席に、望月弁護士、木村弁護士、そして娘のアキさんとともに座っていた。渡辺さんの耳の裏側に、小さなベージュの器具が装着されているのに気づいた。後々尋ねると「裁判官の声が聞こえないと困るので、近所の眼鏡屋さんで急きょ、集音器を買った」とのことだった。

被告側の証人は、社長W氏と、施設長Z氏の2人。渡辺さん側は、あけぼのばしの元スタッフO氏も証人として呼ぶよう申請したが、裁判長が必要性を認めなかったことは先にも書いた。

契約時には「就職したあともずっと面倒をみます」と渡辺さんを信用させ、心配で電話をかけると「お母さんは過保護です」「タカユキさんに失礼だ」とまで言い、電話を控えるようたしなめたというO氏。

渡辺さんは納得いかない気持ちだっただろう。

最初に尋問に立ったのは熊本の施設の社長W氏。直接姿をみるのは初めてだが、ややふっくらとした顔に見覚えがあった。新聞社に戻り、あけぼのばし自立研修センターのパンフレットをめくってみると、いくつかある写真の中に、スウェットパーカーを着たW氏らしき男性の姿があった。

最初に被告側の弁護士が尋問する。初めてタカユキさんに会ったときの印象について問われると、

「覚悟をきめて熊本にこられて、仕事をしようという意欲にあふれていた」

「はきはきとていねいな挨拶をされて温和な印象を受けました」

「(ひきこもりっぽさは)一切感じていない」

と答えた。

ひきこもってしまった理由について分析したのかとの問いには、

「当時のことを思い出させてしまうし、フラッシュバックさせてしまうだけなのでしない」と答えた。

つまり、タカユキさんは心身ともに健康で、特別な支援を必要とする状況ではなかったと言いたいようだ。何に苦しみ、悩んでいたかについてもあえて把握はしていない、と強調した。法人が行う研修内容に、あけぼのばしを運営していたクリアアンサーは「一切関与していない」とも言い切った。

さらに被告側の弁護士が、タカユキさんの家族への報告はどうしていたのか、と問うところ答えた。

「タカユキさんが家族との面談を拒否していたので、こちらからはむげ（発言ママ）に『連絡をとった方がいい』とは言えない」

「自立したいという気持ちが一番だったので、それに向けて支援をしていた」

「就職などの転換期については（施設の）所長の方からお母様の方に連絡をした経緯はあると思うけど、頻繁ではないと思う」

「（会社から）クリアアンサー（あけぼのばしの運営会社）への報告は月1回していたが、クリアアンサーが保護者様に報告していたかどうかの確認はこちらではできない」

渡辺さんと契約したのはあくまでクリアアンサーであり、熊本の施設運営会社に責任はない、そう強調した。

一方でW氏は、ひきこもりの原因が母親の渡辺さんにあったとにおわす発言を繰り返した。

「(タカユキさんは) 家族との話し合いや面談は拒否していた。やりたいことを家族に全部決められてしまったので、働く気がなくなったという話をしていたのを覚えている」

「福祉に携わる経験から言うと、どんなに虐待を受けている子でも、皆自分のお母さんは大好きなもの。タカユキさんが、あそこまで家族を拒否しているのは悲しくもあり、どうしてかなという思い。そこを追及しても仕方がないので、振り切って新しい人生へ進むように支援した」

その発言に思わず、原告側の席に座る渡辺さんをみた。渡辺さんはとても落ち着いていて、マスク越しの表情は変わらず、まっすぐ前を向いていた。

続いて原告側の木村奈央弁護士、そして望月宣武弁護士が質問する番になった。

最初に質問に立った木村弁護士が、まず会社が研修生の受け入れをはじめた2017年より前に、成人のひきこもり支援事業をした経験があるかどうかを尋ねた。

「自立支援事業を行った経験はない」

「（従業員の中にも）自立支援の経験をした人はいない」

この会社もひきこもり自立支援事業については未経験だった。

木村弁護士が「クリアアンサーから、タカユキさんのひきこもりの原因について分析した資料は引き継いでいないのか」と問うと、

「クリアアンサーがそこを分析したかどうかについてはこちらからは知りませんし、その分析資料というのはありませんよね。自衛隊をやめました。仕事につきました。職場関係でやめて20年ひきこもってましたという話だけです。私たちの会話の中で『親に好きなことをさせてもらえなかった』というのが引き出せたもの」

ひきこもりからの回復を目指すタカユキさんを支援するのに、その原因を知る必要はないという。木村弁護士がさらになぜタカユキさんの原因を分析しなかったのかとただす。

「何度も面談もしましたが、ひきこもりの原因を探ったり、ひきこもりの期間にどういう考えでいたのかというようなことは意味をなさないと考えている」

「カウンセリングの記録は残っているのか」（木村弁護士）

「（外部講師は）持たれているかもしれません」

続いて施設長のZ氏が尋問に立った。

初めて熊本にきたとき、タカユキさんはZ氏に向かって「ペコペコと何度か頭を下げた」という。

「言葉の流れもスムーズだし、精神的に疑問が残るようなことはなかった」

外見上は「普通」にみえる。そのことこそがひきこもりをめぐるさまざまな問題を生んでいる核心だといっていい。この会社は一体何を根拠に「精神的にも問題はない」などと判定できたのだろうか。その人が何に悩み、苦しんできたかにも関心を示さぬまま、どんな支援ができるというのだろう。

最後に望月弁護士はZ氏にこんな疑問を投げかけた。

もし、渡辺さんに金銭的に余力があれば、さらにタカユキさんの契約延長を迫っていたのではないか。お金がもうないことを知っていたので、終了したのではないか、と。

望月弁護士「タカユキさんが契約を延長するかどうか、この高額な契約を延長するかどうかというのはご家族の経済事情によるということになるのではないか。支援としては継続した方がいい、でもとてもこの高額の契約は延長できないというときは、終了したら、会社の側からしたらもう面倒みきれないということになるのではないですか」

施設長Z氏「まあ（こちらの）ガワ（側）からしたらそうなると思います」

Ｚ氏も尋問に疲れてきたのだろうか。最後は投げやりな言い方に聞こえた。支援継続が必要か、そうでないかを決めるのは、親の懐具合であるともとれる。裁判官はどう聞いただろうか。

休憩を挟んで、いよいよ渡辺さんの番がきた。

裁判長に促されてひとりで証言台に進み出て、宣誓文を読み上げる。

「良心に従って真実を述べ、何事も隠さず、偽りを述べないことを誓います」

タカユキさんの死から3年7カ月。裁判官に初めて、これまでの苦しみや憤り、タカユキさんへの尽きない思いを直接伝えられるときがきた。

原告側の木村弁護士が質問に立ち、渡辺さんは、タカユキさんが熊本に行く際、あけぼのの元スタッフで、この日出廷しなかったＯ氏と交わしたというやりとりについて答えていく。

「Ｏさんは『就職してからも面倒を見ますから』と言い、追加費用の３８０万円は高額だと思いましたが、向こうでお世話になるなら必要かと思いました」

「Ｏさんが東京から月1回熊本に行ってタカユキの様子をみるという話でした。でも、熊本の様子について報告書がきたのは最初の2カ月くらい。あとは連絡がこなくなり、こちらから電話をしても、出ないことが多くなりました。折り返しもありませんでした」

そして、契約期間の半年が過ぎた後も、あけぼのばしから「終了の連絡はありませんでした」と証言した。

O氏からタカユキさんと直接に電話することを禁じられていたため、せめて手紙だけでもと、1カ月に1度、手紙とともに食べ物などの荷物を送っていたことも明らかにした。

「荷物が戻ってこないので、届いていると思っていました」

この後、被告側の弁護士による渡辺さんへの反対尋問が始まった。

「Oさんから連絡がないのなら、（熊本の）施設に直接電話すればよかったんじゃないですか」

「ええ、ただこの会社のことは、タカユキが死んでから知ったので」

「会いに行こうとは思わなかったのか」

「はい。思いました。でもまた会いに行って、元の木阿弥《もくあみ》になったらどうしようと心配しました。せっかくタカユキが表にでたのに、元にもどってしまったらと」

「外からそっと様子をみるという考えはなかったのか」

「そうですね。それはずっと思っていました」

「仕事は看護師さんで、忙しいから行かなかったのか」

「いえ、そういうわけではありません。病院も休みはとれましたので」

「泣いて話せなくなったらどうしょう」

数日前にはそう話していた渡辺さんだったが、その心配はいらなかった。被告の弁護士にも、相手の顔を見ながらていねいに答えている。

多少意地悪く聞こえる質問にも、「ええ」「そうなんです」といったん相づちをうち、それからきちっと自分の意見を伝えていた。

相手の強い言葉に反応せず、感情的になることも、投げやりになることもなかった。看護師としていろいろなタイプの患者や医者と接する中で、こんな話し方を身につけたのかもしれない。何より人生をかけ、覚悟を決めてこの場に臨んだのだ。

原告側の尋問の最後に望月弁護士が「言っておきたいことはありますか」と意見を求めると、渡辺さんは正面の裁判長に向き直った。

「インターネットひとつで大事な息子を預けた自分にすごく後悔しています。本人もどんな思いで亡くなったかと感じますし、言葉にできないくらい悔しいです」

渡辺さんは落ち着いた口調で話し、こう続けた。

「命日というのはその人が人生を生きてきた証しだと思っています。それなのにタカユキは命日さえ分からない。それがかわいそうで悔しいです」

毎年、毎月やってくるはずの命日。それは死者がこの世に残す最後の足跡なのかもしれない。だがタカユキさんにはそれがなく、いくらたどろうとしても、たどることはできない。

渡辺さんの深い孤独と後悔が、胸に迫った。

最後に語ったのは、あけぼのばし自立研修センターや熊本の施設への怒りや憎しみではなかった。渡辺さんは結局最後まで自分を責めていた。

尋問終了後、裁判長はきょうで弁論を終結する方針を伝え、あとは判決を待つだけとなった。

判決言い渡しについて裁判長は「それなりにボリュームのある事件なので、ちょっと時間をいただけますでしょうか」と前置きし、その期日を年明け後の2023年2月13日、午後1時10分、803号法廷と指定した。

一方で裁判長はこうも続けた。

「さはさりながら、事案が事案ですので、話し合いの余地はないかなと思っていますがどうですか」

ここへきて再度、和解を勧めようということだった。だが、原告と被告の双方ともが相手の主張をまったく認めていない以上、もはや和解が成り立つとは思えない。

望月弁護士は「はい。とりあえずお話くらいは」と応じ、このままもう一度、場所を変えて裁判官と原告、被告の3者で話し合うことになった。


和解を話し合う協議の場では、原告と被告が裁判官から別々に部屋に呼ばれ、和解の意思がないかどうかを尋ねられた。望月弁護士と渡辺さんは、裁判官から「現状では原告に有利な判決は書きにくい」という趣旨のことを伝えられたという。

確かに契約の相手はあけぼのばしであり、熊本の会社ではない。しかもタカユキさんの死は契約期間が切れた後のことだった。

だがそれは提訴のときから分かっていたことだ。

そのため渡辺さんたちは、①契約者の渡辺さんに契約終了の連絡がなかったこと　②会社側に適切なひきこもり支援をする能力やノウハウがなかったこと　③それによりタカユキさんの心身は回復せず、生活力もないまま放置され、行政や福祉機関に引き継がれることもないまま亡くなったこと——を証明しようと戦ってきた。

渡辺さんと望月弁護士は「即答はできない」といったん和解の提案を持ち帰ることにし、次回、12月8日、もう一度裁判所にきて、回答することが決まったという。

会議室から出てきた渡辺さんの表情は浮かなかった。

裁判官の多くは処理すべき裁判をいくつもかかえていて、手間のかかる判決文はできるだけ書かずに済ませたい……との説がまことしやかに語られることがある。以前、何度か取材もさせていただいた元裁判官の大学教授が、著書の中で裁判官が使う和解のためのこんな「テクニック」を紹介していた。

根本的には判決を書く裁判官が和解を行うことは適切かという問いかけを行うこともできる。判決を下す裁判官が和解を行う場合、その裁判官が当事者を恫喝《どうかつ》するのは、きわめて容易である。「言うことをきかない（引用者注・和解に応じない）のなら負かしますよ」ということだが、そんな直接的な表現を用いる必要は全くない。柔らかい言葉であっても、恫喝的なニュアンスを含ませることは十分に可能である。

（瀬木比呂志《せぎひろし》著『ニッポンの裁判』講談社現代新書）

「和解するとどうなるのか」という渡辺さんの問いに対し、望月弁護士は「相手が非を認めて謝罪することはこの状況では考えにくい」と答えたという。

それなら何のために苦労して裁判にまでたどりつき、戦ってきたのか。

渡辺さんは「少し考えてみます」と言って裁判所を後にした。

だがその数日後には電話で、

「一言でいい。判決で、ひきこもり支援をめぐる問題や危険性について触れてほしい。和解はしません。悪い判決が出たとしても、受けとめます」

と私に話した。和解で「哀悼の意を示す」といったあいまいな内容の言葉を施設側から受け取ったとしても、それには何の意味もない。就職だけを目的にするようなひきこもり支援ビジネスに警鐘を鳴らし、そこにすがろうとする親たちに注意を呼びかけたい。そのために必要なものは判決だ。渡辺さんはそれだけの覚悟をした上で、生まれて初めての裁判に臨んでいた。

翌日、渡辺さんが望月弁護士にその考えを伝えると、望月弁護士ははっきりとした口調で「分かりました」と答えたという。和解には応じないことが決まった。

12月８日、渡辺さんと望月、木村両弁護士は、裁判長が待つ会議室に入り、「和解には応じません」と伝えた。

するとと裁判長がいきなり声を荒らげたという。

「だったらきょう、何のために時間をとったのか分からないじゃないですか。お帰りください！」

渡辺さんは訳が分からなくなり、助けを求めるように望月弁護士をみた。

望月弁護士は渡辺さんに席を立つよう促して、そのまま3人は部屋を後にした。

その2日後、望月弁護士は、担当の東京地裁民事第12部にあてて、裁判長の言動に抗議する上申書を提出した。

おわりに

海を見下ろす高台に大きな寺の山門が立つ。駐車場からゆるやかな坂を上ると、緑の木立に囲まれた小さな墓地があった。すき間なく敷き詰められた芝の上に、丸いプレート型の墓石が均等に配置されている。その一つの下にタカユキさんは眠っていた。

鎌倉時代に創建されたという古い寺が守るこの永代供養の墓地には、いつも墓参りにくる家族らの姿が絶えないのだという。タカユキさんの母の渡辺えつ子さんがほほえみながら私に話してくれた。

「だから、いつもどこかにきれいなお花が供えられているんですよ」

２０２３年４月15日、私は渡辺さんと、娘のアキさんとともに初めてここを訪れた。タカユキさんの死亡日は、２０１９年４月中頃とされる。４度目の「命日」だった。

木立の間を心地よい風が通り抜ける。近くには中学校と高校があり、風に乗って、生徒たちの明るい声が聞こえてきた。部活動でもしているのだろうか。墓石の前で手を合わせながら「きっとタカユキさんも、この場所なら寂しくないだろうな」と思った。

ひきこもりとは、「さまざまな要因が重なり、社会の中で心が疲弊し、休憩している状態で、必要なのは『働け』と叱咤することではなく、あくまでも『心の手当』」をすること（山根俊恵教授の公開講座より）だという。それでも、タカユキさんは持ち前の素直さと我慢強さで、過酷な環境に耐え抜き、最後は力尽きた。そしていま、ようやくこの場所で、静かに休んでいる。

「ただ生きていてくれさえいればいい。それだけで良かったんです」

渡辺さんと出会ってから、繰り返しこの言葉を聞いた。タカユキさんがひきこもって以降、渡辺さんが必要としていたのは、親子を引き離すことでも、指示や管理でもない。家族である渡辺さんと一緒になってタカユキさんの心の内に耳を傾け、回復までの道筋を照らしてくれるような支援。家族の長い道のりを伴走するサポーターの存在だったはずだ。

ひきこもりという経験を経て、この先どう生きるか、どんな自分でありたいか――。その答えはタカユキさんひとりの心の中にしかない。本人が見えない傷を癒やし、長期のひきこもりという「産みの苦しみ」（ヒューマン・スタジオ 丸山康彦さんの言葉より）を経て、清々しい気持ちでまた新しいスタートを切れるよう、後ろからそっと支える誰かに出会えていれば……。渡辺さんの悔恨の声を聴きながら何度もそう思った。

和解に応じないことを告げた渡辺さんの裁判は、自身が予想していた通り、敗訴だった。判決は、被告側の責任について、「自立を目指して支援を行うもので、自活能力を得る結果が求められているとは解されない」と言及した。つまり、業者側が何をうたい文句に宣伝し、家族がどれだけ多額のお金を支払おうとも、「結果」にまで責任を持つ義務はないという。

◇

契約が切れる時期のタカユキさんの状態については「身体的にも精神的にも健康不安はなく、生活の基盤を確保し、収入も得て自活することができ、その意欲もあったと評価できるから、継続的な支援が必要だったとみることは困難」との判断を示した。

被告側が「様子に問題はなかった」と主張している以外に、何の確信をもって「精神的に不安がなかった」と断言しているのかは、この判決文からは分からない。くり返しになるが「見た目」ではその心の苦しさを発見しにくいのがひきこもりの特徴でもある。就職し、一人暮らしをすれば「支援は終了」なのだとしたら、なぜタカユキさんは死んだのか？

その「死」という重い現実こそが、支援が届いていなかった何よりの証拠であり、私には、タカユキさん自身が命に替えて問いを投げているように思えてならない。

渡辺さんは、東京高裁に控訴し、いま再び判決を待っている。

この裁判の途中、タカユキさんの妹のアキさんには大きな変化があった。兄の一件では、インターネットであけぼのばしを見つけ、タカユキさんが入所するきっかけを自分がつくったことを悔やみ、渡辺さん同様に激しく自分を責めてきた。そんな中、一念発起し、看護学校を受験し、昨春から主婦と学生の二足のわらじを履いている。決断の理由はやはり、兄のタカユキさんだった。

「部屋にひきこもり、病院にも通えず、体調に不安を抱える人がいる。訪問看護などで、そういう人たちの力になりたい。悩む当事者や家族に寄り添える存在になりたいと思っています」

実はこれまでも、アキさんが、あけぼのばしによる被害者の集まりで知り合ったあるひきこもりの当事者の方を、個人的にサポートしていたことを後になって知った。その方は、一時は気丈にふるまっていたものの、心身が不安定になって集まりに参加できなくなり、知人の誰もが連絡をとれなくなっていた。だが、アキさんと渡辺さんだけはつながり続けていた。アキさんはその方の姿を優しかった兄に重ね、友人として会い、何げない会話を重ねながら、「生きてほしい」という思いを懸命に伝え続けていた。

卒業まであと1年半。ひきこもっている人や、その家族の心情をよく知り、専門的な知識を備えた看護師が増えたら、どれほど心強いだろうと思う。全国に支援の網を広げようと奮闘する山根教授ら志のある支援者にとっても大切な力になるに違いない。渡辺さんも毎朝5時に起きて子育てや家事を手伝いアキさんの挑戦を支えている。

◇

本書は、朝日新聞デジタルと朝日新聞で2021年に連載した「#ひきこもりのリアル『引き出し』ビジネス」をはじめ、これまでに掲載したひきこもり関連の記事に大幅に加筆し、まとめたものです。連載執筆の際には特別報道部の山﨑崇デスク（現ネットワーク報道本部統括マネジャー代理）はじめ、多くの方々にご助力をいただきました。

ここに紹介した内容は、ひきこもり支援というまだ比較的新しい分野についての現時点での取材報告です。

人生につまずき、心が弱っているときにこそ、その人を信じ、その人の良さ、その人らしさに気付いてくれる誰かの存在が必要だと思います。そこからまた、希望を胸に新しいスタートを切るための「支え合い」――。取材を通して知ったこうした支援の考え方が社会に浸透していくことを願います。取材に協力してくださいましたすべての方々に深く感謝申し上げます。そして誰より、亡くなったタカユキさんへの感謝と共にご冥福をお祈りし、本書を捧げたいと思います。

2023年8月

高橋　淳

高橋　淳（たかはし・あつし）
山梨県甲府市出身。朝日新聞記者。山梨日日新聞記者をへて2006年に朝日新聞社に入社。北海道報道センター、東京本社社会部などを経て、特別報道部でひきこもりの状態にある人や家族についての取材を始める。2021年に朝日新聞デジタルと朝日新聞で連載した「#ひきこもりのリアル　『引き出し』ビジネス」が、いずれも市民団体が選ぶ「貧困ジャーナリズム大賞」の貧困ジャーナリズム賞と、「2021年メディア・アンビシャス大賞」の活字部門優秀賞を受賞した。支援をめぐる課題をテーマに取材を続けている。

ブラック支援《しえん》

狙《ねら》われるひきこもり

高橋《たかはし》　淳《あつし》

2023年 9月 10日　初版発行

◇◇◇

発行者　山下直久
発　行　株式会社KADOKAWA
〒102-8177　東京都千代田区富士見2-13-3
電話　0570-002-301（ナビダイヤル）

装丁者　緒方修一（ラーフイン・ワークショップ）
ロゴデザイン　good design company
オビデザイン　Zapp!　白金正之
印刷所　株式会社暁印刷
製本所　本間製本株式会社

角川新書

ISBN978-4-04-082416-1 C0236

KADOKAWAの新書 好評既刊

全検証　コロナ政策

明石順平

新型コロナウイルスの感染拡大で、私たちは未曾有の混乱に巻き込まれた。矢継ぎ早に政策が打ち立てられ、莫大な税金が投入されたが、効果はあったのか、なかったのか？　170点超の図表で隠された事実を明るみに出す前代未聞の書。

ラグビー質的観戦入門

廣瀬俊朗

プレーの「意味」を考えると、観戦はもっと面白くなる！元日本代表主将がゲームの要点を一挙に紹介。「80分間を6分割して状況を分析」「ポジション別、選手の担うマルチタスク」ほか。理解のレベルがアップする永久保存版入門書。

公営競技史

競馬・競輪・オートレース・ボートレース

古林英一

世界に類をみない独自のギャンブル産業はいかに生まれ、存続したのか。その前史から高度経済成長・バブル期の爆発的な売上増大、社会問題を引き起こし、低迷期を経て再生するまでを、地域経済の観点から研究する第一人者が描く産業史。

定年後でも間に合うつみたて投資

横山光昭

「老後2000万円不足問題」が叫ばれて久しい。人生100年時代では、定年を迎えた人も資産寿命を延ばす方策が必要だ。余裕資金を活用した無理のない投資法を、資産形成のプロが丁寧に解説。24年スタートの新NISAに完全対応。

歴史と名将

海上自衛隊幹部学校講話集

山梨勝之進

昭和史研究者が名著と推してきた重要資料、復刊！　山梨はロンドン海軍軍縮条約の締結に尽力した条約派の筆頭で知られ、山本権兵衛にも仕えた、日本海軍創設期の記憶も引き継ぐ人物であり、戦後に海軍史や名将論を海自で講義した。

KADOKAWAの新書 好評既刊

歴史・戦史・現代史
実証主義に依拠して

大木　毅

戦争の時代に理性を保ち続けるために——。俗説が蔓延していた戦史・軍事史の分野において、最新研究をもとに歴史修正主義へ反証してきた著者が「史実」との向き合い方を問うた珠玉の論考集。現代史との対話で見えてきたものとは。

サイレント国土買収
再エネ礼賛の罠

平野秀樹

脱炭素の美名の下、その開発を名目に外国資本による広大な土地の買収が進む。その範囲は、港湾、リゾート、農地、離島にも及び、安全保障上の要衝も次々に占有されている。この問題を追う研究者が、水面下で進む現状を網羅的に報告する。

知らないと恥をかく世界の大問題14
大衝突の時代——加速する分断

池上　彰

長引くウクライナ戦争。分断がさらに進んでいく。混沌とする世界はいったいどこへ向かうのか。世界のリーダーはどう動くのか。歴史的背景などを解説しながら世界のいまを池上彰が読み解く。人気新書シリーズ第14弾。

上手にほめる技術

齋藤　孝

「ほめる技術」の需要は高まる一方。ごくふつうのフレーズでも、使い方次第。日常的なフレーズ、四字熟語、やまと言葉に文豪の言葉。ほめる語彙を増やし技を身につければ、コミュニケーション力が上がり、人間関係もスムースに。

地形の思想史

原　武史

日本の一部にしか当てはまらないはずの知識を、私たちは国民全体の「常識」にしてしまっていないだろうか？　なぜ、上皇一家はある「岬」を訪ね続けたのか？　等、7つの地形、風土をめぐり、不可視にされた日本の「歴史」を浮き彫りにする！